Volker Bugdahl · Kreatives Problemlösen

Dipl.-Chem. Dr. rer. nat. Volker Bugdahl

Kreatives Problemlösen

Vogel Buchverlag

Volker Bugdahl

geb. 1940 in Schwerin, verheiratet, 2 Kinder, arbeitet im Stab der Degussa AG in Frankfurt und ist Lehrbeauftragter an der Fachhochschule Darmstadt.

Nach Abitur und Wehrdienst studierte er Chemie in Merseburg und in Ungarn.

Am Forschungsinstitut für die Plastindustrie in Budapest war er in der Mikromorphologie tätig. 1968 wurde er Assistent am Institut für Makromolekulare Chemie der Universität Freiburg und promovierte 1969.

In der Unilever-Forschung in Hamburg arbeitete er 1970 bis 1974 an Themen aus der Papierindustrie und Lebensmittelanalytik.

Bei der Degussa AG begann er 1975 in der Polymerforschung und wurde Produktmanager für Lackrohstoffe. In der Leitstelle für technische Kooperation ist er mit technischer Marktinformation befaßt.

Für Angi, Britta und Bert

Die Deutsche Bibliothek – CIP-Einheitsaufnahme

Bugdahl, Volker:
Kreatives Problemlösen / Volker Bugdahl. – 1. Aufl. –
Würzburg: Vogel, 1991
(Reihe Management)
ISBN 3-8023-0492-6

ISBN 3-8023-0492-6
1. Auflage. 1991

Printed in Germany

Umschlaggrafik: Michael M. Kappenstein, Frankfurt (Main)
Herstellung: Alois Erdl KG, Trostberg

Vorwort

Dieser Band in der *Reihe Management* bildet eine Brücke zwischen *Ideenfindung* und *Entscheidungsfindung*. Während diese beiden Werke sich aber ganz der Methodik des Erfindens und Entscheidens widmen, möchte *Kreatives Problemlösen* zeigen, wie die Praxis mit den Methoden wechselwirkt. Das Problem kann darin bestehen, daß man

- ☐ es erst finden
- ☐ oder es «nur noch» lösen muß
- ☐ oder aber zu entscheiden hat.

Probleme, bei denen «Nichtstun eine überaus sinnvolle Tätigkeit darstellen kann» (BJÖRN ENGHOLM), werden hier nur der Vollständigkeit halber behandelt, nämlich in Form der Kontrollfragen: Muß *ich* das Problem lösen? (Kompetenz) oder *Muß* ich das Problem lösen? (Notwendigkeit).

Wegen der verschiedenen Problemarten berührt dieses Buch das Feld vom kreativen Finden bis zum intuitiven Entscheiden. Die zehn Kapitel sind eigenständige, in sich geschlossene Beiträge, die sich in beliebiger Reihenfolge lesen lassen. Sie folgen aber einem praxisbezogenen Ablauf:

- ☐ Wir definieren, was ein Problem ist, nämlich die Summe von Ziel und Hindernis oder eine Differenz zwischen Soll und Ist. Dann sehen wir uns an, welche Typen von Problemen und Problemlösern vorkommen. Wir erkennen, daß beim Problemlösen gewisse Techniken nützlich sind.
- ☐ Wir erzeugen uns mittels Brainstorming ein «ewiges, unendliches» Instrumentarium an Problemlösemethoden. Für die Näherungs- und Verfremdungsverfahren lernen wir Beispiele kennen und vertiefen sie.

☐ Raimundus Lullus und Fritz Zwicky zeigen uns, wie man Probleme strukturiert und zu neuen Lösungen kommt. Damit beherrschen wir die morphologischen Methoden.

☐ Die weniger systematischen, dafür aber stärker kreativen Verfahren üben wir zuerst beim Problemfinden. Die Sensibilität für potentielle Probleme und ihre ganzheitliche Betrachtung muß wachsen.

☐ Durch Provokation und Entrinnen brechen wir aus der Routine aus und gewinnen neue Einsichten. Wir lösen Probleme, indem wir uns vom Problem lösen, z. B. auf einem synektischen Ausflug von Analogie zu Analogie.

☐ Als potentielle Erfinder müssen wir nun unsere natürlichen Feinde, die Ideenkiller, kennen- und abwehren lernen.

☐ Die Mapping-Verfahren wirken wie Knoten im Taschentuch. Sie helfen uns dabei, möglichst nichts zu vergessen.

☐ Dann optimieren wir unser Wissen, indem wir Information negieren oder verdoppeln. Dabei stellen wir überrascht fest, daß es etwas bringen kann, wenn wir die gleiche Information zweifach benutzen. Die Negation der Negation erweist sich als äußerst positiv: Man kann mit ihr rechnen, vergrößern und erfinden.

☐ Schließlich denken wir noch über «weiche» Entscheidungen nach und beleuchten Intuition siebenfach. Häufig ist sie verborgene Meisterschaft, aber oft führt sie auch in die Irre. Davor schützen die exakten Methoden der Entscheidungsfindung.

Damit ist der Kreis geschlossen. Die Beispiele entstammen der Praxis und dienen als Beweis dafür, daß die Methoden nicht nur schön klingend sich selbst genügen. Sie sind in vielen Seminaren der betrieblichen Weiterbildung bei der Degussa AG und in Vorlesungen und Übungen an der Fachhochschule Darmstadt erprobt. Für diese Möglichkeit danke ich den Herren Professor Dr. Heribert Offermanns, Vorstand der Degussa AG, und Professor Dr. Rolf Kruse, Dekan der Fachhochschule Darmstadt.

Hanau *Volker Bugdahl*

Inhaltsverzeichnis

Kapitel 1

DAS PROBLEM DES PROBLEMLÖSENS

Warum Probleme lösen?

Die Antwort auf diese Frage ist einfach: Weil wir wollen und müssen. Bild 1.1 zeigt – natürlich nicht völlig ernsthaft –, daß wir mindestens in den ersten zwanzig Dienstjahren für das Lösen von Problemen bezahlt werden.

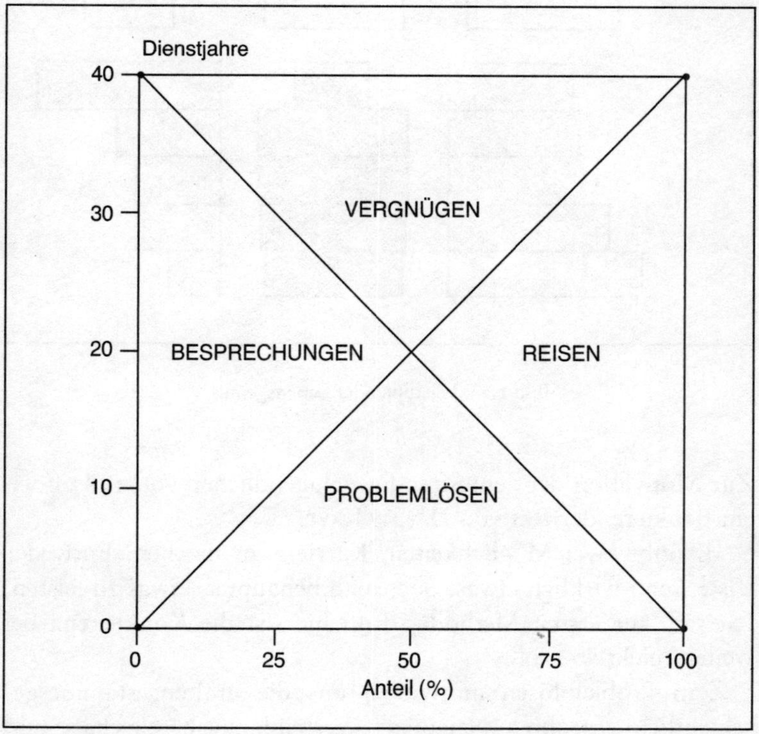

Bild 1.1 Veränderung der Aufgabenverteilung mit den Dienstjahren

Das Bild wird lebensnaher, wenn wir zugeben, daß auch Besprechungen und Dienstreisen dem Lösen von Problemen dienen sollten. Schließlich wird das dienstliche Vergnügen auch zum Problem, wenn es sich häuft. Wir müssen also Probleme lösen, aber wir wollen es auch gerne und freiwillig, wie Bild 1.2 zeigt.

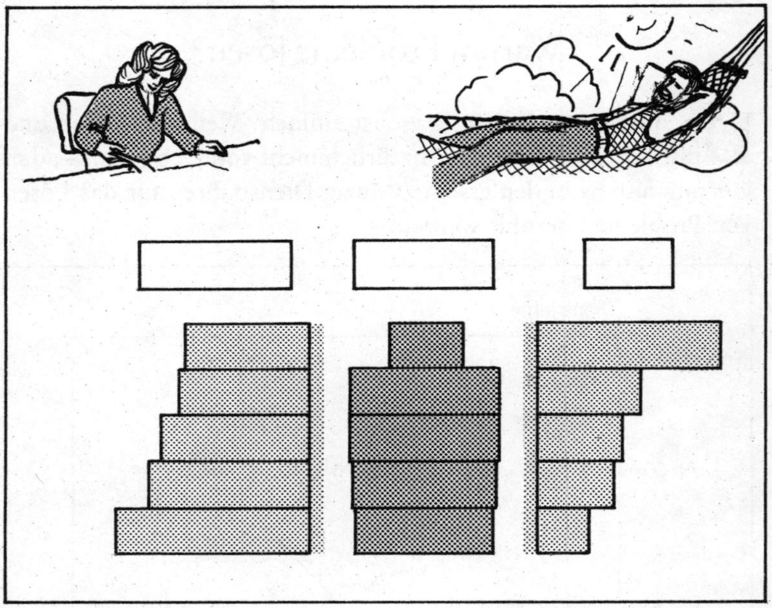

Bild 1.2 Leistung oder Lebensgenuß

Zur Motivation der genußfreudigen Jugendlichen von 1987 noch ein flankierender Rat von DANNY KAYE:

«Es gibt zwei Möglichkeiten, Karriere zu machen. Entweder leistet man wirklich etwas, oder man behauptet, etwas zu leisten. Ich rate zur ersten Methode, denn hier ist die Konkurrenz bei weitem nicht so groß.»

Zum Problemlösen motivieren uns die uralten, stammesgeschichtlich erprobten Neigungen Verteidigungsbereitschaft und Expansionsdrang – innen wie außen. Wirtschaftliche Konkurrenz rät Unternehmen automatisch, mindestens die einmal erreichte Position zu halten, möglichst aber auszubauen. Im Wettbewerb der Individuen spricht man von Selbstbehauptung und Selbstverwirklichung (siehe in Kapitel 7 Maslows Bedürfnispyramide). Erfolg erfreut und motiviert, besonders durch Problemlösen verdienter Erfolg.

Was ist eigentlich ein Problem?

Wenn Sie jetzt nicht sofort weiterlesen, sondern kurz eine einigermaßen befriedigende Definition formulieren wollen, stellen Sie wahrscheinlich verblüfft fest, daß das gar nicht so einfach ist. Jeder kann dutzendweise Problembeispiele aufführen, jeder hat schon viele gelöst, aber was ist den Problemen gemeinsam? Ungelöste Aufgaben, Schwierigkeiten, Hürden, Gefahren, unklare Situationen, offene Fragen ... Vielleicht fällt uns die Definition anhand praktischer Beispiele leichter:

Beispiel 1:
(274 + 274 + 274 + 274 + 274) : 5 = ?

Diese Aufgabe, die MAX WERTHEIMER seinen Studenten stellte [8], ist für die meisten Menschen kein Problem. Sie ist zu leicht. Selbst dann, wenn jemand sich tatsächlich der Mühe unterzieht, zu rechnen.

Beispiel 2:
Ein Händler gibt 25% Rabatt, verlangt aber 14% Mehrwertsteuer. Der Abzug der 25% macht Spaß, der Zuschlag der 14% nicht. Ein Kunde stört sich zusätzlich an der Reihenfolge. Seinem Gefühl nach wäre er besser dran, wenn erst die 14% auf den Preis aufgeschlagen würden, dann aber ein Viertel vom Ganzen abginge. Hat er recht?

Dieses Beispiel könnte man schon eher als ein Problem bezeichnen, wenn es sich auch schnell durch Rechnung lösen läßt:

Preis × 0,75 × 1,14 = Preis × 1,14 × 0,75.

Wäre das Problem schwieriger, wenn es lautete:

a) «Beweisen Sie, daß es gleichgültig für den Endpreis ist, in welcher Reihenfolge Rabatt abgezogen und MWSt. addiert werden.»
   oder
b) «Entscheiden Sie, in welcher Reihenfolge Rabatt abgezogen und MWSt. addiert werden müssen, damit der Kunde den niedrigsten Preis zu zahlen hat.»?

Tatsächlich scheinen so viele Problemarten zu existieren, daß man sich ihnen besser einzeln widmet. Das werden wir auch bald tun, aber wir wollen uns doch nicht schon vor dem ersten Problem drücken, eine Gesamtdefinition zu finden. Mir scheint folgende zutreffend und prägnant:

Ein Problem ist eine Differenz zwischen Ist- und Sollzustand.

Noch prägnanter ist aber die Problemdefinition von K. JACKSON [1]:

Problem gleich Zielvorstellung plus Hindernis.

In dieser Definition kommt der Zeitcharakter der Probleme gut zum Ausdruck. JACKSON untersuchte die Summanden Z und H auf

$$\text{SOLL} \neq \text{IST}$$

$$P = Z + H$$

Bild 1.3 Problemdefinitionen

ihre Bedeutung in Abhängigkeit von der Zeit und fand, daß es einen besten Zeitpunkt für die Problembearbeitung gibt. Dies ist nicht der Zeitpunkt, zu dem Zielvorstellung Z und Hindernis H ihre Maxima erreicht haben. Angenommen: P: Zum Ende der Heizperiode funktioniert Ihre Heizung plötzlich nicht mehr. Z: Sie möchten nicht frieren. H: Die Heizungsinstallateure sind momentan überlastet.

Im Sommer gehen Z und H gegen Null und damit auch P. Dennoch wäre der Sommer die beste Zeit zum Lösen von P. Im Oktober erreichen Z und H Maximalwerte, und P wird neben wichtig auch dringend. Das heißt: Aus Wollen wird Müssen, aus Agieren Reagieren. Hier ist nun die Gelegenheit, folgendem weitverbreiteten Irrtum den Garaus zu machen: Alle Probleme erledigen sich von selbst – man muß nur lange genug warten.

Für manche Probleme trifft das zwar zu. Aber selbst dann, wenn es zutrifft, läßt die Problemlösung meist sehr zu wünschen übrig. Ein besserer Rat lautet:

Löse das Problem sofort selbst, sonst löst es ein anderer.

Die Zeitabhängigkeit gilt auch für die Erkennung und Anerkennung eines Problems, wie Arthur Schopenhauer fand:

Ein Problem durchläuft bis zu seiner Anerkennung drei Stufen. In der ersten Stufe wirkt es lächerlich, in der zweiten wird es bekämpft, und in der dritten gilt es als selbstverständlich. (s.a. Kapitel 7)

Welche Arten von Problemen gibt es?

Als wir uns mit dem Problem, ein ebensolches zu definieren, herumschlugen, war uns schon der Verdacht einer großen Artenvielfalt gekommen. Jetzt haben wir das Problem, diese Arten zu systematisieren.

Das kann einmal nach der Zielvorstellung erfolgen. So können wir z.B. folgende Problemarten unterscheiden:

☐ Analyseprobleme: Erfassen der Bestandteile und ihrer Struktur im Gesamtzusammenhang oder System (z. B. chemische Analyse, Strukturaufklärung).
☐ Konstellationsprobleme: Einordnen von Einzelteilen in ein System (z. B. Periodensystem, Organigramm).
☐ Suchprobleme: Fehlende Bestandteile im System suchen (z. B. Schadensverursacher, neue Verpackung).
☐ Funktionsprobleme: Was soll/muß ein Teil im System leisten (z. B. Maschine, Produkt, Dienstleistung)?
☐ Ausleseprobleme: Welches Einzelteil oder welches System ist das beste (haltbarste, billigste, wirksamste, schönste ...) unter ähnlichen?

Natürlich kann man Probleme auch nach ihrer Erkennbarkeit einteilen: in sichtbare und latente (siehe Kapitel 4).

Man kann Probleme schließlich danach unterscheiden, wie sie strukturiert sind, nämlich gut (wohl) oder schlecht (Tabelle 1.1).

	GUT STRUKTURIERT	SCHLECHT STRUKTURIERT
PROBLEMELEMENTE	völlig bekannt	nicht alle bekannt
ZUSAMMENHANG ZWISCHEN PROBLEMELEMENTEN	gesetzmäßig	kaum oder nicht erkennbar
ANZAHL DER LÖSUNGEN	nur eine richtige	viele alternative Lösungen möglich
OPTIMIERUNG	Lösung ist optimal	nur relativ beste Lösung unter den gefundenen
BEISPIELE	Berechnung des Wirkungsgrades eines Motors	Entwicklung neuer Verfahren für Beschichtung
	Ermittlung der Statik eines Gebäudes	Entwurf einer Vielzweckhalle

Tabelle 1.1 Kennzeichen und Beispiele gut und schlecht strukturierter Probleme

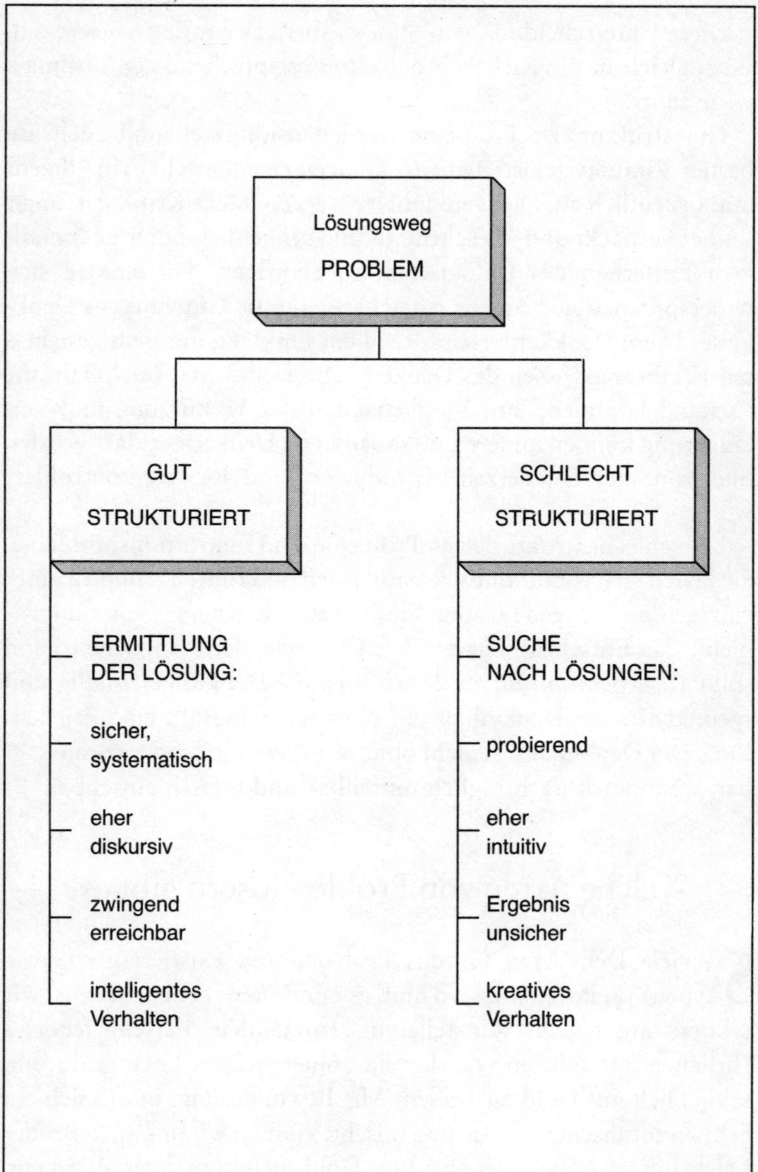

Bild 1.4 Lösungsweg in Abhängigkeit von der Strukturierung des Problems

Diese Unterscheidung von SCHLICKSUPP [2] hat den Vorteil, daß sie zugleich in die Richtung der erfolgversprechendsten Lösungswege führt.

Gut strukturierte Probleme werden traditionell und auch am besten diskursiv gelöst. Beim *diskursiven Denken* geht es intelligent und ordentlich zu. Die Denkinhalte werden durch Kritik gereinigt, sauber verpackt und «beschriftet» und schließlich unter nochmaligem Entfernen des Unlogischen so geordnet, daß eine in sich widerspruchsfreie Sequenz entsteht – eine Art Güterzug als Denkkette. Diese Denkkette steht in vollem Einklang mit dem gesicherten Erfahrungswissen des Denkers. Die Denkkette, ihr Inhalt, ihr Zustandekommen, ihre Möglichkeiten der Verkürzung und Verlängerung können anderen unabhängigen Denkern erklärt werden und von diesen jederzeit reproduziert und logisch kontrolliert werden.

Die schlecht strukturierten Probleme sind Innovationsprobleme. Sie lassen sich eher intuitiv-kreativ lösen und führen kaum zu einer einzigen eindeutigen Lösung, sondern zu einem neuen Auswahlproblem, das Entscheidungsverfahren [3] erforderlich machen kann (Bild 1.4). Beim *intuitiven Denken* ist die Denkfolge zufällig und sprunghaft, der Denkinhalt ein plötzlicher Einfall, eine Erleuchtung. Der Denkinhalt ist nicht ohne weiteres ableit- oder voraussagbar, wenn auch nachträglich mitteilbar und logisch einsehbar.

Welche Arten von Problemlösern gibt es?

So viele Denkarten für das Problemlösen existieren, so viele Typen von Problemlösern muß es mindestens geben, können wir rekursiv abschätzen. Wir stellen uns einmal den «tiefschürfenden» ehrlichen Spezialisten vor, der ein immer tieferes Loch gräbt, um schließlich auf Gold zu stoßen. Mit Bewunderung, in die sich ein Schuß moralischer Entrüstung mischt, können wir uns auch Bruder Leichtfuß vorstellen, der ebenfalls Gold sucht, nie tiefer als 20 cm, aber an verschiedenen Stellen gräbt, so nebenbei. Beide können Erfolg oder Mißerfolg haben. Nur trifft der Mißerfolg den vertikalen Spezialisten härter. Deshalb ist er gut beraten, vom lateralen

Springinsfeld zu lernen und Nuggets auch dann einzusammeln, wenn sie «oberflächlich» sind.

Immer noch stark vereinfacht, können wir drei Arten von Problemlösern unterscheiden: Manager, Unternehmer, Kreativer, die in unterschiedlicher Weise zwei Fähigkeiten nutzen – kritisches Urteilsvermögen und schöpferische Fantasie (Bild 1.5). Der Unternehmertyp hat eindeutig die größten Erfolgsaussichten.

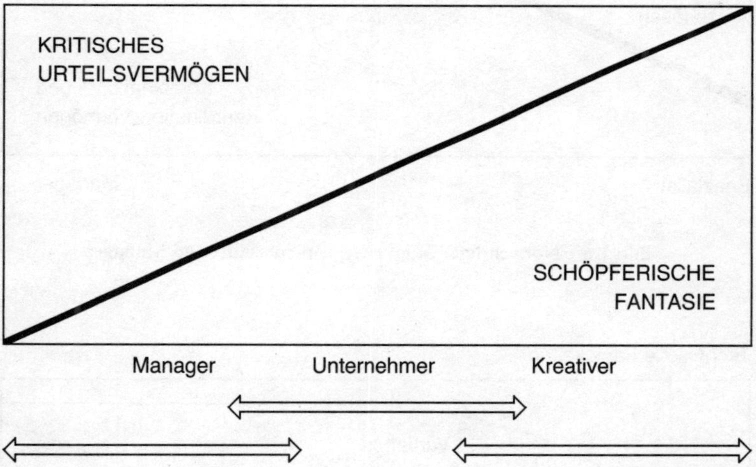

Bild 1.5 Typen von Problemlösern

Nun wollen wir aber vor lauter Problemlöseeifer nicht vergessen, daß es auch noch andere Aufgaben gibt. Bild 1.6 zeigt deshalb, wie neben der Fähigkeit, Probleme zu lösen, auch Kombinations- und Koordinationsvermögen und Wissen erforderlich sind.

Diese Fähigkeiten und das Wissen – sowohl Grund- als auch Spezialwissen – sind ihrerseits nicht starr in der Zusammensetzung, sondern zeitabhängig. So nimmt das Grundwissen ab, aber die Fähigkeiten, Probleme zu lösen und zu koordinieren, nehmen zu (Bild 1.7). Sehr erfreulich: Ob man nun Spezialist oder Manager werden möchte, die Aussichten sind gut.

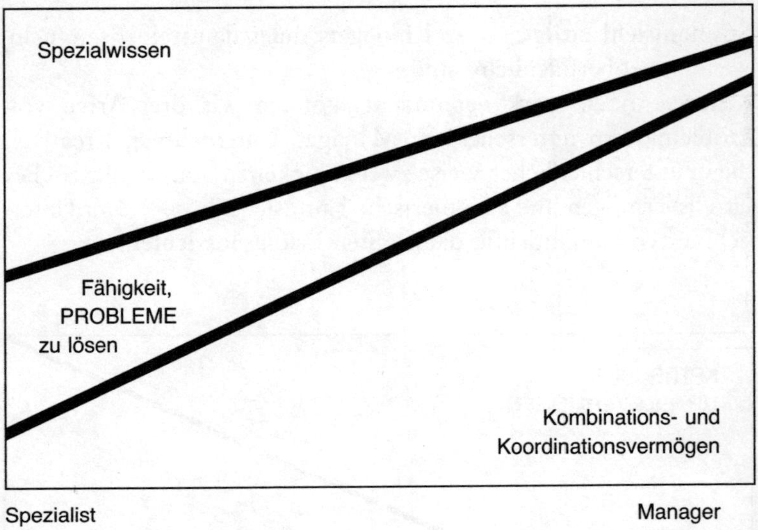

Bild 1.6 Notwendige Fähigkeiten von Spezialist und Manager

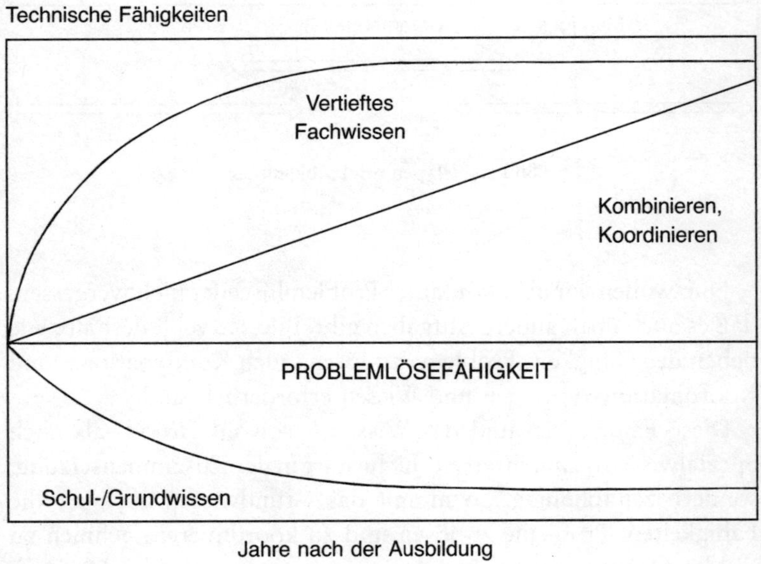

Bild 1.7 Zeitabhängigkeit der Zusammensetzung technischer Fähigkeiten

Wie löst man Probleme?

Problemlösen läuft in vier Phasen ab (Bild 1.8):

1. Problemdefinition
2. Kreative Phase
3. Entscheiden
4. Verwirklichen

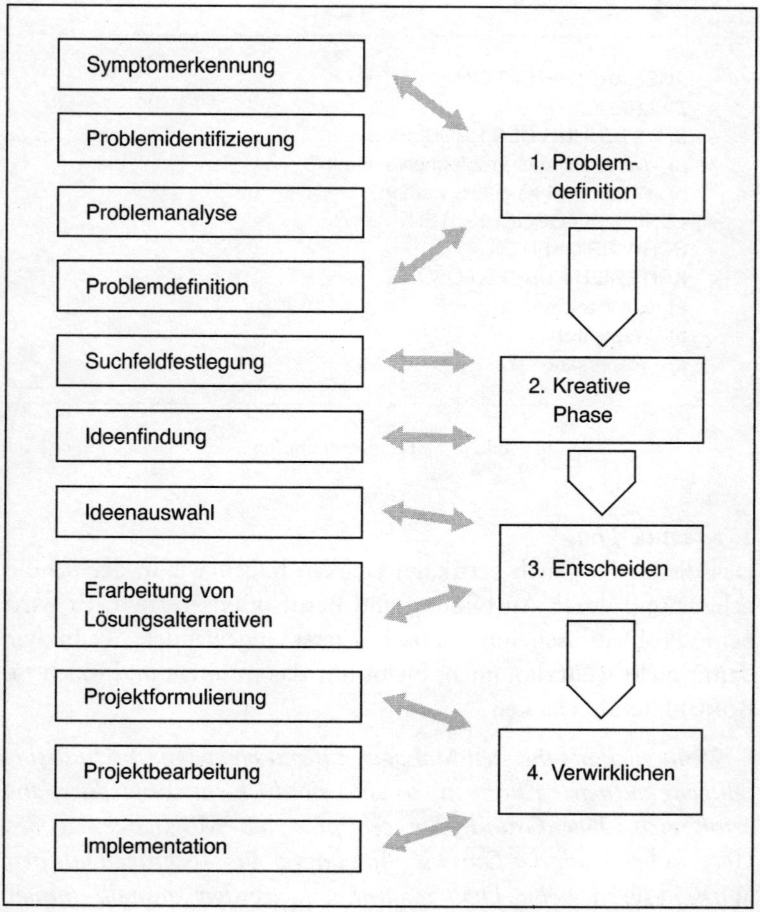

Bild 1.8 Organisiertes Problemlösen (Ablaufplan)

1. Problemdefinition

Dieser erste Schritt ist sehr wichtig und von großem Einfluß auf die Qualität und Quantität der Lösungsalternativen. Dazu gehört, daß das Problem überhaupt erkannt wird, daß man es und sich mit ihm identifiziert und es analysiert. Man kann sich das Definieren des Problems durch Checklisten etwas erleichtern, wie Bild 1.9 zeigt. Im technischen Bereich haben sich die Checklisten «Situationsanalyse» und «Problemanalyse (Ursachenfindung)» [3 (Bilder 4.25 und 4.26)] sehr bewährt.

- AUSGANGSSITUATION
- ZIELBEREICH
- ENTSTEHUNG DES PROBLEMS
  - a) Warum ist das Problem entstanden?
  - b) Warum soll es gelöst werden?
- LÖSUNGSMÖGLICHKEITEN
- SCHWIERIGKEITEN
- KRITERIEN FÜR DIE LÖSUNG
  - a) Entscheidend
  - b) Wesentlich
  - c) Interessant

Bild 1.9 Problemdefinition

2. Kreative Phase

Das diskursive (auch vertikale) Denken haben wir in der Schule gelernt und durch Ausbildung und Berufspraxis vertieft. Es wird beim Problemlösen automatisch zuerst angewendet. Wenn wir damit nicht weiterkommen, bleibt nur das intuitive und (nach de Bono) laterale Denken.

Wenn auch die meisten Manager nur mit einer Durchschnittsintelligenz aufwarten können, so sind sie doch im Beruf durchaus erfolgreich. Der Grund: Sie schöpfen die Möglichkeiten des Gehirns besser als der Durchschnittsbürger aus. Techniken, die den Wirkungsgrad beim Denken erhöhen, werden deshalb immer beliebter [4].

Der Schwerpunkt der folgenden Kapitel liegt deshalb auf dem intuitiv-kreativen Lösungsweg für Probleme. Allerdings werden wir hier die theoretischen Aspekte der Kreativität auslassen (siehe hierzu [2]).

3. Entscheiden
Die Methoden der Entscheidungsfindung sind in [3] ausführlich beschrieben, intuitive Entscheidungen hier im Kapitel 10.

4. Verwirklichen
Folgendes «Intrapreneurship»-Rezept von GIFFORD PINCHOT zur Durchsetzung unternehmerischen Denkens und Handelns in großen Traditionsunternehmen kann ich guten Gewissens nicht empfehlen, zitiere es aber gerne zum Zwecke der persönlichen Entradikalisierung:

«Umgehe alle Anordnungen, die dich daran hindern, deinen Traum zu verwirklichen. Unternimm alles, um dein Projekt fortzuführen, ganz gleich, was in deiner Stellenbeschreibung steht. Arbeite im Untergrund, solange du irgend kannst. Vorzeitige Publicity löst den Immunmechanismus eines Unternehmens aus. Denke daran, daß es einfacher ist, um Vergebung als um Erlaubnis zu bitten.»

Gute allgemeine Hinweise gibt es in [5 und 6] (s. a. Bild 1.10 und Kapitel 5 Ende). Im übrigen wirken bei der Realisierung von Ideen, der Implementation von Innovationen, so viele Einflüsse, daß eine gesonderte Erörterung notwendig ist.

1

Der Bürger wünscht sich eine schlichte und bürgerfreundliche Anlage.

2

Die Verwaltung greift diese Anregung freudig auf und trägt sie dem zuständigen Ausschuß vor.

3

Die vom Bürger gewählten Abgeordneten machen einen Gegenvorschlag und beschließen ein Planverfahren.

4

Die Planungsabteilung macht einen Entwurf, der allen gesetzlichen Bestimmungen entspricht und in der behördeninternen Abstimmung ohne Widerspruch gebilligt wird.

5

Die Genehmigungsbehörde nimmt in Anwendung der Novelle vom Bundesänderungsgesetz vom 31. 1. 1977 in der geänderten Fassung vom 25. 12. 1977 eine geringe Änderung des Planes vor.

6

Nachdem alle bürokratischen Hürden genommen sind, wird der Plan von erfahrenen Praktikern der Behörde in die Tat umgesetzt.

Bild 1.10 Gefahren bei der Verwirklichung von Ideen
(Quelle: IHK-Mitteilungen v. 1. 12. 88, S. 12)

Welche Problemlösetechniken gibt es?

Da es so viele und verschiedene Probleme gibt, muß es auch viele und verschiedene Problemlösemethoden geben. Denn:

«Für Leute, die nur einen Hammer als Werkzeug haben, ist jedes Problem ein Nagel.» (G. Lang)

Problemlösemethoden sind das Handwerkszeug des Kopfarbeiters.

Im folgenden Kapitel werden wir uns mittels Brainstorming den Werkzeugkasten füllen. Die danach folgenden Kapitel beschäftigen sich mit speziellen Methodenkombinationen. Tabelle 1.2 zeigt zusammenfassend und vorausschauend eine Methodenübersicht. Die Methoden, die nachfolgend erwähnt werden, sind fett gedruckt.

PROBLEMLÖSEMETHODEN		
METHODEN-GRUPPE	METHODEN	VERFAHRENS-MERKMALE
Ungehemmte Entladung	**Brainstorming** und **Varianten**	Spontane Diskussion ohne Kritik, Quantität vor Qualität, Fantasie, keine Urheberrechte
	Brainwriting, CNB, 635	Spontanes Aufschreiben von Ideen, sonst wie Brainstorming, evtl. Urheberrechte
Schöpferische Konfrontation	Bionik, fantastische Analogien, **Synektik**	Stimulierung der intuitiven Ideenproduktion mittels scheinbar irrelevanter Worte und Bilder
Systematische Strukturierung mit schöpferischer Schlußfolgerung	**Morphologischer Kasten, Morphologische Matrix, Funktionsanalyse, Attributive Listing, Problemfeld-Darstellung**	Aufteilung des Problems in Systemelemente, Lösung von Teilproblemen und Zusammenfügen zu einer Gesamtlösung. Auch: Systematisierung von Lösungsmöglichkeiten
Systematische Strukturierung für Analyse und Entscheiden	Methode Kepner-Tregoe, Sequentielle Morphologie [2; 3]	Problemanalyse: Soll-Ist-Vergleich; Entscheidung: Gewichtung von Zielkriterien und Vergleich der numerisierten Alternativen
Systematische Strukturierung als Terminkontrolle und Rationalisierungshilfe	Netzplantechnik [3]	Zeitliche Koordination von Bewegungsabläufen
Systematische Strukturierung von Experimenten als Auswertungs- u. Rationalisierungshilfe	Statistische Versuchsplanung und Auswertung [3]	Erkennung der Haupt- und Wechselwirkungen von Einflußgrößen; Quantifizierung dieser Effekte auf Zielgrößen/Optimierung

Tabelle 1.2 Übersicht über einige Problemlösemethoden und ihre Verfahrensmerkmale

Kapitel 2

MIT BRAINSTORMING ZUR VOLLEN WERKZEUGKISTE

Was ist Brainstorming?

Brainstorming – wörtlich übersetzt «Gehirnsturm» – stammt vom amerikanischen Werbefachmann ALEX F. OSBORN. Gemeint ist mit Brainstorming, daß das Gehirn spontan und schnell Gedankensplitter produzieren darf, ohne durch Vernunft, Logik und Randbedingungen aller Art gleich wieder zensiert zu werden. Unbewußtes unzensiertes Wissen für das Problemlösen mit heranzuziehen, hat man schon seit den zwanziger Jahren versucht. OSBORN störte sich an der schlechten Organisation und Ausbeute solcher Séancen und hat dem Kreativitätsbemühen ein Systematik-Skelett eingebaut. Seit dem Erscheinen seines Werks «Applied Imagination – Principles and Procedures of Creative Thinking» im Jahr 1953 gibt es sozusagen geordnetes Brainstorming. Die Methode ist schnell populär geworden, obwohl sie schwerer zu erlernen ist als es scheint. Die Enthemmung gelingt nicht leicht, und die Ernte ist trotz OSBORN noch immer ein Schwachpunkt. Natürlich kann Brainstorming auch kein Fachwissen ersetzen, sondern bestenfalls verborgenes Wissen hervorlocken. Wir wollen hier Brainstorming nur so ausführlich besprechen wie für unseren Zweck – Werkzeuge sammeln – dienlich. Eine gute Beschreibung der Methode befindet sich in [2].

Brainstorming profitiert

- ☐ *vom positiven Denken* (Bild 2.1) und
- ☐ *dem Abrufen unbewußten Wissens* (Bild 2.2) *durch Ausschaltung der Ideenkiller* (siehe Kapitel 7) und
- ☐ *von der heterogenen Gruppe.*

← NEUE IDEE →

← POSITIVE → ← NEGATIVE →

ASPEKTE

Jede neue Idee, jeder Vorschlag usw. hat positive und negative Aspekte.

Statt erst die negativen Aspekte zu diskutieren und dann die evtl. noch verbleibenden positiven, sollten erst die positiven Aspekte behandelt werden. Die dann noch verbleibenden negativen Aspekte erscheinen daraufhin in einem anderen Licht.

Bild 2.1 Erst positive Aspekte diskutieren!

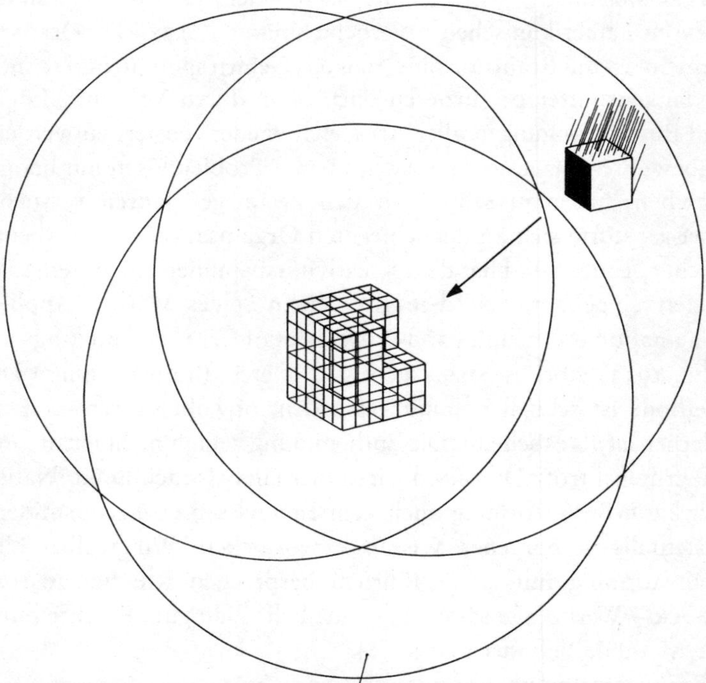

Ein Kreis bedeutet den Informationsbestand je einer Person, Überlappung der Kreise bedeutet gemeinsames Wissen. Die Problemlösung ergibt sich aus der Verbindung eines Problemelements mit einem weit entfernt liegenden Element, über das hier nur eine von drei Personen verfügt.

Bild 2.2 Kreative Problemlösung: Verbindung von scheinbar zusammenhanglosen Elementen

Der Ablauf eines Brainstormings ist in Bild 2.3 schematisch zusammengefaßt.

Bild 2.3 Brainstorming

Eine Gruppe von fünf bis zwölf Personen hat sich bewährt. Weniger bieten weniger Interaktion, mehr hindern die Enthemmung. Die heterogene Zusammensetzung der Gruppe ist besonders wichtig. Abgesehen von wenigen Persönlichkeiten sind Angestellte im Team besser motiviert und stärker konzentriert. Das trifft besonders zu, wenn das Team zu 80 % aus Fachleuten besteht, die auf dem Problemgebiet Laien, «gebildete Laien», sind. Teams mit mindestens einer Teilnehmerin und höchstens 50 % Teilnehmerinnen leisten besonders viel. Das liegt wohl einerseits an der männlichen Eitelkeit. Andererseits wird die Uniformität männlicher Urteilsweisen gestört, denn Kritik ist ja verboten. Der Hauptvorteil der Gruppe besteht im synergistischen – sich in der Effektivität mehr als additiv verstärkenden – Zusammenwirken von verschiedenen Erfahrungen und Standpunkten. Die in Bild 2.4 gezeigte

1. ZÄNKER (ruhig bleiben, nicht monopolisieren lassen)
2. POSITIVER TYP (oft benutzen)
3. ALLESWISSER (Ideen diskutieren lassen)
4. ERZÄHLER (taktvoll unterbrechen)
5. SCHEUER TYP (leichte Fragen stellen)
6. DER UNKOOPERATIVE (sein Wissen anerkennen und nutzen)
7. UNINTERESSIERTER (nach seiner Arbeit fragen, Interesse wecken)
8. EMPFINDLICHER EINGEBILDETER (Ja, aber...)
9. STÄNDIGER FRAGER (Fragen an die Gruppe weitergeben)

Bild 2.4 Heterogene Problemlösegruppe und Tips für den Koordinator [2]

Gruppe ist besonders heterogen. Deshalb sind auch gleich Ratschläge für den Moderator beigefügt.

Brainstorming gibt es in vielen Varianten, sowohl mündlich (Tabelle 2.1) als auch schriftlich (Tabelle 2.2).

BRAINSTORMING-VARIANTEN	KURZE ERLÄUTERUNG DER VARIANTEN
And-also-Methode	Jede Idee wird erst ausdiskutiert, bevor eine neue genannt wird.
Stop and go	Kritik ist abschnittsweise zugelassen.
Little by little oder Didaktisches Brainstorming	Nur der Koordinator kennt das Problem. In mehreren Sitzungen gibt er mehr und mehr Information. Durch die Unbestimmtheit möchte man auch weit entfernte Ideen sammeln und ein zu frühes Einengen des Suchfeldes verhindern.

Imaginäres Brainstorming	Das definierte Problem enthält zusätzlich eine vorgestellte Verfremdung, um die Fantasie anzuregen (z. B. alle Menschen haben drei Beine; sehen mit den Ohren; leben bei −30 °C; sind leichter als Wasser usw.).
Allmacht	Mit Allmacht ausgestattet, kann man jedes Problem lösen. Bei der Überlegung, wie das im speziellen Fall geschehen soll, kommt man zuerst zu komplizierten und teuren Lösungen. Diese werden jedoch durch Vereinfachung bald so realistisch, daß man sich die Allmacht für das nächste Problem aufheben kann.
Anonymes Brainstorming	Die Teilnehmer haben ihre Lösungsansätze schon *vor* der Sitzung aufgeschrieben. Der Koordinator liest die Ideen einzeln vor und versucht, sie mit der Gruppe weiterzuentwickeln (gut z. B. bei Gruppenkonflikten).
Solo	Brainstorming im Alleingang
66 oder Buzz Session	Größere Gruppen werden in Sechsergruppen aufgeteilt, die getrennt 6 min lang «brainstormen» (6×6). Danach trägt der Sprecher jeder Gruppe die Lösungen vor, die im Plenum diskutiert werden. Anschließend kann ein neues Problemdetail in den Sechsergruppen bearbeitet werden.
SIL-Methode (Sukzessive Integration von Lösungselementen)	Die Teilnehmer schreiben ihre Ideen zunächst getrennt auf. Dann trägt der erste seine Lösungsidee vor, darauf der zweite. Die Gruppe entwickelt aus beiden Lösungen eine neue Variante, die möglichst die Vorteile beider Ideen enthält. Nun wird die 3. Idee integriert usw., aber nur Verbesserungen.
Creative Collaboration Technique (Nachlese)	Nach dem Brainstorming denken die Teilnehmer noch ca. 10 min alleine nach und schreiben Ideen auf. Diese Nachlese schöpft Anregungen aus der Diskussion ab, sammelt «Spätzünder» ein und verbessert die Ausbeute.

Tabelle 2.1 Brainstorming-Varianten

<table>
<tr><th>BRAINWRITING-VARIANTEN</th><th colspan="2">KURZE ERLÄUTERUNG DER VARIANTEN</th></tr>
<tr><td>6 3 5

Erfinder:
BERND ROHRBACH</td><td>6 Gruppenmitglieder entwickeln auf nebenstehendem Formular 3 Lösungsansätze, die dann insg. 5mal assoziativ in je 5 min. weiterentwickelt werden. Ausbeute: 108 Ideen in 30 Minuten.</td><td>
<table>
<tr><td colspan="5">Problem: ....</td></tr>
<tr><td rowspan="2">Teil-nehm.</td><td colspan="3">Ideen</td><td rowspan="2">Initialen</td></tr>
<tr><td>1</td><td>2</td><td>3</td></tr>
<tr><td>1</td><td></td><td></td><td></td><td></td></tr>
<tr><td>2</td><td></td><td></td><td></td><td></td></tr>
<tr><td>3</td><td></td><td></td><td></td><td></td></tr>
<tr><td>4</td><td></td><td></td><td></td><td></td></tr>
<tr><td>5</td><td></td><td></td><td></td><td></td></tr>
<tr><td>6</td><td></td><td></td><td></td><td></td></tr>
</table>
</td></tr>
<tr><td>CNB =
Collective Notebook</td><td colspan="2">Ideenhefte mit genauer Problembeschreibung werden vom Projektleiter an Spezialisten und Laien mit der Aufforderung verteilt, täglich und spontan alle Einfälle hineinzuschreiben (Art Solo-Brainstorming mit Leistungsdruck). Nach 3 bis 4 Wochen werden die Hefte zur Auswertung und Anregung eingesammelt.</td></tr>
<tr><td>Ideen-Delphi</td><td colspan="2">1. Experten suchen einzeln Lösungsansätze zum Problem.
2. Experten erhalten die Liste aller Lösungsansätze zur Anregung weiterer Ideen.
3. Experten erhalten Auswertung beider Runden und entscheiden sich für beste Realisierungsmöglichkeiten.</td></tr>
<tr><td>Trigger-Technik</td><td colspan="2">1. Laden und Anspannen;
2. Loslassen;
3. Mehrfache Wiederholung von 1. und 2.
1. Teilnehmer schreiben einzeln Ideen auf.
2. Teilnehmer tragen einzeln Ideen vor und schreiben sie auf ein DIN-A1-Blatt (jede Idee nur einmal). Dabei gewinnen die anderen Teilnehmer Anregungen für die nächste Runde.</td></tr>
<tr><td>Brainwritingpool

Erfinder:
HELMUT SCHLICK-SUPP</td><td colspan="2">1. Schon vor der Sitzung liegt in der Tischmitte ein Zettel mit Lösungsansätzen.
2. Die Teilnehmer notieren ihre Ideen auf einem Blatt Papier. Wenn ihnen nichts mehr einfällt, tauschen sie ihr Blatt gegen das auf dem Tisch liegende aus und lassen sich anregen.</td></tr>
</table>

Kärtchen-Befragung	Die Teilnehmer notieren *anonym* alle Lösungsansätze oder Kritik einzeln auf DIN-A7-Kärtchen. Der Koordinator sammelt die Kärtchen ein und ordnet sie grob nach verschiedenen Gesichtspunkten. Anschließend diskutieren die Teilnehmer über die Ideen und treffen eine feinere Einteilung.
Idee-Engineering	1. Wie ist das Problem entstanden? Ursachen werden analysiert und auf Kärtchen geschrieben. 2. Ursachen werden in Fragen umformuliert. 3. Die Fragen werden durch Lösungsideen beantwortet. 4. Die Lösungsideen werden von Experten bewertet.
Galerie-Methode Erfinder: F. HELLFRITZ	1. Ideenfindung: Teilnehmer schreiben oder skizzieren ihre Ideen auf DIN-A1-Bögen. 2. Assoziationsphase: Teilnehmer besichtigen die «Galerie» der A1-Bögen und lassen sich zu neuen oder abgewandelten Ideen anregen. 3. Ideenbildungsphase: wie 1. 4. Auswertungsphase: Beim Auswerten der Ideen ist Kritik erlaubt. Bei Bedarf kann der Zyklus 1. bis 4. mehrfach durchlaufen werden.

Tabelle 2.2 Brainwriting-Varianten

Mit Brainstorming suchen und finden

Brainstorming ist eine Problemlösemethode. Unser Problem heißt: «Wie finden wir Problemlösemethoden?»

Nutzen wir die Methode Brainstorming doch gleich zum Suchen von anderen Methoden!

Vielleicht wirft jemand ein, daß man sich damit nur im Kreis dreht und so gar nichts finden kann. Gleich werden wir sehen, daß diese hoffnungslose Ansicht nicht gilt. Da wir besser konkret als abstrakt denken können, tun wir zunächst allerdings so, als ob wir nicht Findemethoden, sondern nur einen verlorenen Schlüssel suchten.

Brainstorming «Verlorener Schlüssel»

Nach den Regeln des Brainstormings (Bild 2.3) fallen z.B. folgende Lösungsvorschläge an:

zum Fundbüro gehen,
Nachbarn fragen,
Ersatzschlüssel vom Nachbarn holen,
überlegen, wo und wann Schlüssel zuletzt gehabt,
Dietrich verwenden,
nochmals in allen Taschen nachsehen,
Schlüsseldienst anrufen,
Schloß auswechseln lassen,
pfeifen (wenn Schlüssel Anhänger mit Akustiksensor hatte),
auf den Schlüssel pfeifen, d.h. aufgeben,
erst einmal einen Kaffee trinken gehen,
Urlaub machen,
zur Freundin ziehen,
auswandern,
Spürhund mieten,
Hubschrauber mit starkem Magnet suchen lassen,
Haus in die Luft sprengen.

Auswertung des Brainstormings

Beim Betrachten der Lösungsvorschläge registrieren wir, daß sie zunehmend wilder werden. Man kann sie wie folgt gruppieren:

Näherungsmethoden: nachdenken, suchen, fragen, Information sammeln; *Ausweichen:* Dietrich, Ersatzschlüssel, neues Schloß, Urlaub machen ...; *Verfremdungsmethoden:* Spürhund, Hubschrauber, Explosion; und auch Hinweise auf *Motivation:* erst einmal Kaffee trinken gehen; und auf *Information:* Fundbüro, fragen.

Eine etwas gründlichere Gruppierung zeigt Bild 2.5.

Wie löst man also Probleme?
Nach gegebenen *Grundvoraussetzungen*, durch *Motivation* und *Modifikation von Information*.

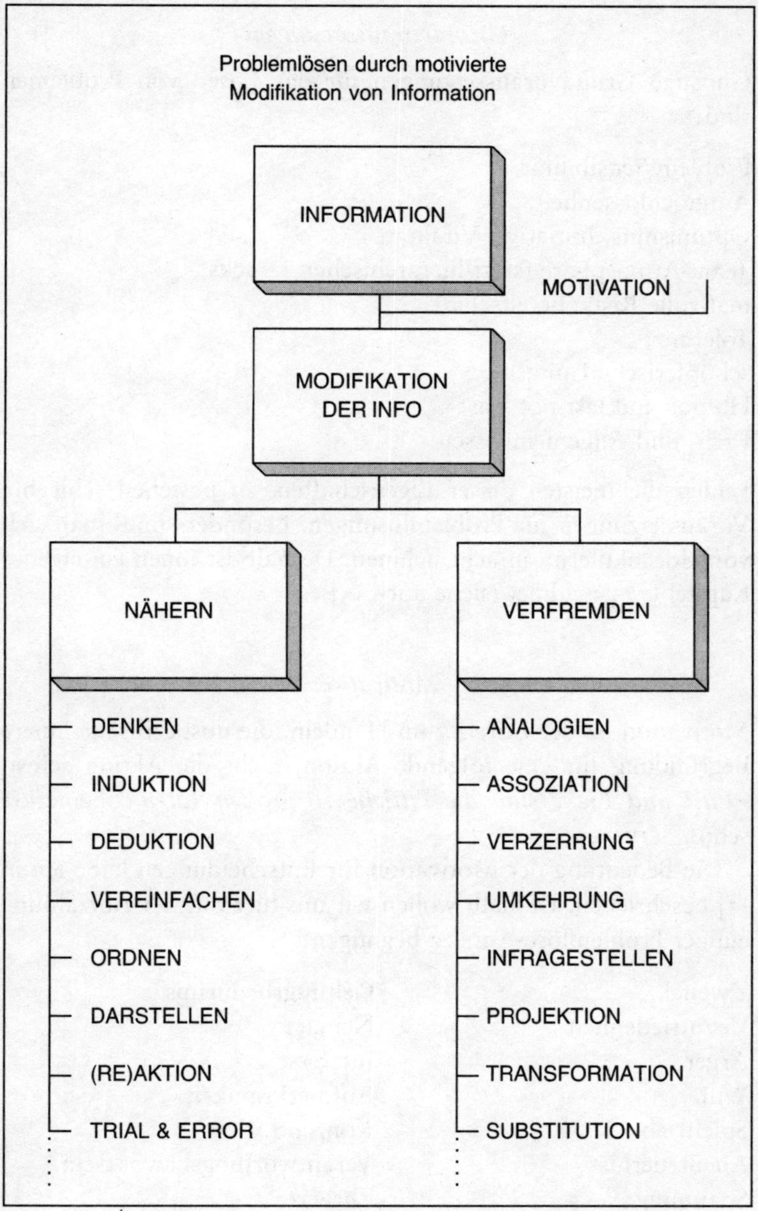

Bild 2.5 Problemlösen durch motivierte Modifikation von Information

Grundvoraussetzungen

Günstige Grundvoraussetzungen für das Lösen von Problemen sind:

Problem-Sensibilität,
Aufgeschlossenheit,
Optimismus, Initiative, Vitalität,
Team-Atmosphäre (statt hierarchischen Drucks),
maßvolle Risikobereitschaft,
Toleranz,
schöpferische Fantasie,
Humor und last not least
Fach- und Allgemeinwissen.

Fehlen die meisten dieser Eigenschaften, so bestehen schlechte Voraussetzungen für Problemlösungen. Besonders muß man sich vor «Ideenkillern» in acht nehmen. Deshalb ist ihnen ein eigenes Kapitel (7) gewidmet (siehe auch [3]).

Motivation

Motivation ist der Anreiz zum Handeln, die unspezifische innere Begründung für eine folgende Aktion, nicht die Aktion selbst. *«Lust und Liebe sind die Fittiche zu großen Taten»*, bemerkte schon SCHILLER.

Die Bedeutung der Motivation für Entscheidungen habe ich in [3] beschrieben. Deshalb wollen wir uns hier mit der Aufzählung einiger Problemlöse-Anreize begnügen:

Zweifel	Geltungsbedürfnis
Unzufriedenheit	Neugier
Ärger	Interesse
Wut	Aufmerksamkeit
Spieltrieb	Konzentration
Abenteuerlust	Verantwortungsbewußtsein
Spannung	Ehrgeiz
Streß	Freude an Herausforderung
	Zukunftsdenken, Visionen

Auf den ersten Blick scheinen die Anreize in der linken Spalte negativ und die in der rechten lobenswert. Das ist in mehrfacher Hinsicht zu oberflächlich geurteilt, denn

- ☐ Streß kann durchaus positiv sein,
- ☐ Spannung kann Suchspannung sein,
- ☐ Ärger und Zweifel sowie Unzufriedenheit mit dem Bestehenden können identisch mit Freude an der Herausforderung sein.

Aber Problemlösen darf auch eine negative Motivation haben. Denn ein Problem ist ja ein unerwünschter Zustand.

Ob man den schlechten Zustand durch einen guten ersetzen möchte oder einen guten Ist-Zustand durch einen besseren, bezeichnet nur den Standort des Problemlösers. Für die Motivation ist aber nicht der mehr oder weniger gute Standort entscheidend, sondern die Tendenz und die Differenz zum Besseren.

Deshalb wird wohl auch die Diskussion der Psychologen über die beste Art, Mitarbeiter zum Problemlösen zu motivieren, nicht eindeutig abschließbar sein. Was ist effektiver? Eine fast unerträgliche Verstärkung des Problemdrucks oder eine gütige Anleitung, verbunden mit ideellen und materiellen Anreizen? So haben z. B. Autarkie-Bestrebungen von Diktaturen oder Kriege bedeutende Motivationen für Problemlösungen geliefert. Wesentlich sympathischer ist uns natürlich die zeitgemäßere Motivation durch das überzeugende Darstellen von Visionen (Bild 2.6).

Diese Art stellt höhere Anforderungen an die Führungskräfte. Bild 2.6 zeigt deutlich, daß die Kunst des Motivierens darin besteht, die Gesamtvision so plastisch darzustellen, daß alle Mitarbeiter in Teilvisionen ihre eigenen lohnenswerten Ziele und Probleme erkennen können. *Gute Motivation ist halbe Aktion.*

Wer eine Vision realisieren will . . .

. . . muß seine Mitarbeiter begeistern . . .

Bild 2.6 Motivation durch Vision [4]

Beim Betrachten der von uns zusammengetragenen Aktionsliste (Bild 2.5) fällt auf, daß alle uns als seriös bekannten, zum kulturellen Erbe gehörenden Problemlöseaktionen unter den *Näherungsaktionen* zu finden sind. Weiter mag auffallen, daß alle diese Aktionen nach geistiger und körperlicher Anspannung «riechen».

Ganz anders wirken die *Verfremdungsaktionen:* Sie machen einen modernen Eindruck und versprechen Erholung. Beides ist nicht ganz richtig. Daß die Methoden Erholung verheißen, liegt wohl daran, daß man sie unbewußt als Spiel ansieht. Der Vergleich mit dem Spiel hat gewisse Berechtigung, aber die landläufige Auffassung vom Spiel irrt. Spiele sind nicht immer alberner Zeitvertreib, sondern oft eine harte Form des Kampfes. Erholung durch Spiel oder Verfremdungsaktionen tritt ein, wenn unsere Hauptbeschäftigungen Nicht-Spiel oder Näherungsaktionen sind. So gesehen ist Erholung dann die durch ungewohnte Tätigkeit eintretende Entkrampfung und Entspannung. Dies ist wesentlicher Bestandteil der Aktionen.

Das Neue an den Verfremdungsaktionen ist nicht ihre Existenz, sondern ihre bewußte Anwendung auf breiterer Ebene. Hierzu einige Beispiele:

Mit dem Prinzip der *Verzerrung* durch *Vergrößerung* und *Verkleinerung* gelang es JONATHAN SWIFT in «Gullivers Reisen», wichtige gesellschaftliche Zusammenhänge und Mißstände am Königshof ungestraft bloßzulegen. So arbeiten ja auch Karikatur und Satire, aber auch das als Problemlösestation in der Chemie beliebte Technikum. Das Vergrößern von Laboransätzen *(upscaling)* und das Verkleinern von Produktionsansätzen *(downscaling)* erlauben praxisnahe Experimente mit verringertem Risiko.

Die *Umkehrung* ist ein bewährtes Erfinderprinzip: Aus dem ptolemäischen Weltbild wurde das kopernikanische, aus dem Flugzeug der Hubschrauber, aus dem Ventilator der Staubsauger, aus der Wassermühle der Schaufelraddampfer, aus dem Beugungsbild des Beugungsbildes eines Objekts das Objekt selbst (E. ABBÉ) oder ganz allgemein: Aus der *Negation der Negation* entsteht eine neue Position. Diesem Problemlöseprinzip ist ein eigenes Kapitel gewidmet. Aber für die *Umkehrung* gibt es auch ein ganz einfaches praktisches Beispiel: der billige Kühltemperaturwächter. Das Problem lautet: Man kann Speisen, die in der Gefriertruhe irgendwann bei Stromausfall aufgetaut und dann wieder gefroren sind, nicht leicht von unverdorbenen unterscheiden.

Die Lösung: Eine Kunststoffflasche, halb mit Wasser gefüllt, stellt man senkrecht zum Einfrieren in die Truhe. Anschließend legt man die Flasche in die Truhe. Wenn einmal aus dem stehenden Eisblock ein liegender geworden sein sollte, ist ein Malheur passiert.

Vereinfachen kann auch kreativ sein. Ein Beispiel dafür ist die Malbergbahn in Bad Ems, die seit 1887 auf den 350 m hohen Malberg und wieder zurück fuhr. Die Bahn besteht aus nur zwei mit Seil verbundenen, auf Schienen laufenden Kabinen für je 36 Personen. Eine Kabine steht im Tal, die andere auf der Bergstation. Zum Start wird die Kabine an der Bergbahn so weit mit Wasser gefüllt, bis sie schwerer als die im Tal ist. Darauf gleitet sie den Berg herunter und zieht die untere Kabine an sich vorbei in die Höhe [12].

Ein Beispiel für Vereinfachen im Sinne von *Reduktion auf das Wesentliche* ist die Fresnel-Linse. Die Brechkraft einer Linse hängt von ihrer Krümmung ab. Wenn man die Oberflächenkrümmung beibehält, aber darunter Material wegnimmt, gelangt man zur Fresnel-Linse (Bild 2.7). Solche Linsen werden heute schon in großer Zahl z.B. als Sucherlinsen in Spiegelreflexkameras, als Sammellinsen in Overhead-Projektoren und als Zerstreuungslinsen für einen Panoramablick in Campingfahrzeugen eingesetzt.

Auch mit Optik zu tun hat folgendes Beispiel für Problemlösen durch *Kombination*. Es könnte das Ende der Lesebrille bedeuten. Bisher konnte man nur mittels Brille unterschiedliche Sehstärken für Nähe und Ferne vereinen. Bei der sog. Echelon-Kontaktlinse [14] wird der Mehrstärkeneffekt durch Kombination von Lichtbrechung (Refraktion) und Lichtbeugung (Diffraktion) erreicht. Die Innenseite der Linse zeigt sieben bis acht konzentrische Abstufungen. Die Lichtwellen treffen auf diese Stufen, werden daran gebrochen und gebeugt, und so entstehen ein Fern- und ein Nahbild. Für die gleichzeitig scharfe Abbildung ferner und naher Objekte kann die ganze Pupillenöffnung genutzt werden.

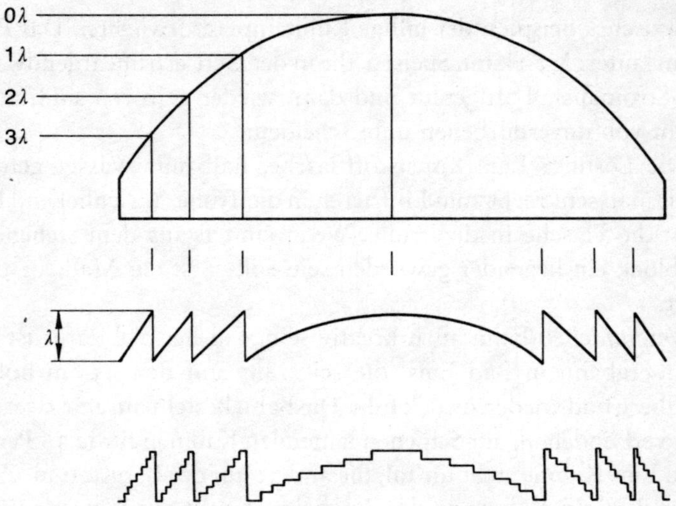

Bild 2.7 Fresnel-Linse als Reduktion einer vollen Glaslinse [8]

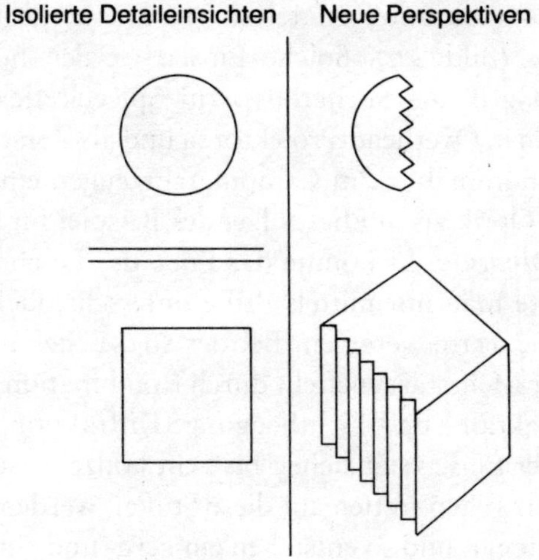

Bild 2.8 Kombination von unzusammenhängenden Einzelteilen durch gemeinsame Muster

Das abstraktere Beispiel in Bild 2.8 zeigt die grundsätzliche Bedeutung der *Kombination*. Wenn es gelingt, unverträglich scheinende Dinge zu vereinen, hat man immer ein Problem gelöst. Auf der linken Seite des Bildes sieht man Kreis und Quadrat bzw. Kugel und Würfel als Symbole für isolierte Detaileinsichten. Eine Verbindung scheint weniger haltbar, weil die Krümmung zu wenig Kontaktfläche bietet. Durch bereits vorhandene (aber nicht erkannte) oder erzeugte V-Profile gewinnt man eine sehr große Kontaktfläche und enge Verzahnung.

Durch *Analogie*schlüsse wurden schon viele Probleme gelöst. Hier ein Beispiel dafür, daß damit auch große Segelregatten gewonnen werden können [15]. HERBERT H. PEARCEY, ein pensionierter Flugzeugingenieur, verhalf mit seinem Design der «Australia II» der australischen Mannschaft 1983 zum Sieg im America's Cup (Bild 2.9).

Für den Erfolg der *Projektion* lieferte uns KLEIST ein klassisches Beispiel. Er pflegte seiner mathematisch unvorbelasteten Großmutter seine zunächst unlösbar erscheinenden Rechenaufgaben vorzu-

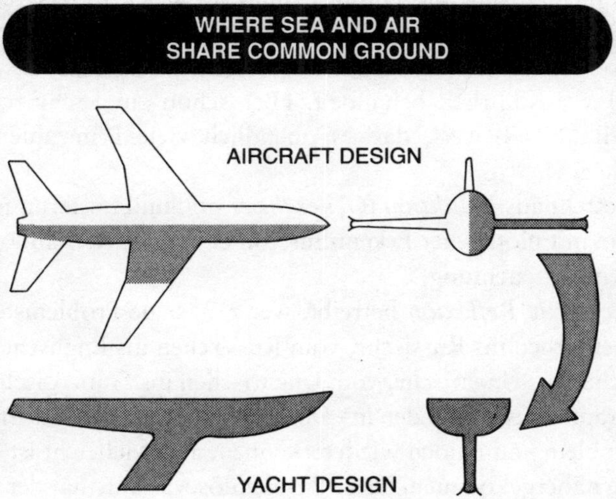

Bild 2.9 Analogie zwischen Flugzeug- und Jacht-Design [16]

tragen. Der Zwang zum einfachen Formulieren, zur Projektion auf eine andere Bildungsebene sowie mögliche wohlwollende, aber untaugliche Lösungsvorschläge der Oma führten gewöhnlich doch zur Lösung. Sonst war KLEIST wohl eher ein verbissener Aktivist der Näherungen. Er konnte seine Probleme nicht lösen, weil er sich nicht von ihnen lösen konnte. Sein Selbstmord war eine radikale Lösung, das völlige *Infragestellen*, auch eine Verfremdungsaktion.

Das Infragestellen im positiven Sinne ist die Triebfeder des Fortschritts (siehe Kapitel 5).

Problemlösungen gelten nicht für unbegrenzte Zeit. Gegenüber geschnitzten Druckplatten für ganze Buchseiten bedeuteten die beweglichen Lettern einen Vorteil bis in unsere Zeit. Die Entwicklung des Fotodrucks und elektrostatischer Kopierverfahren drängt jedoch wieder in die ursprüngliche Richtung. Unter Infragestellen fallen auch die Kontrollfragen:

☐ Muß *ich* das Problem lösen? und
☐ *Muß* ich das Problem lösen?

Diese Fragen berühren die Kompetenz (ich?) für das Problemlösen oder die Notwendigkeit (muß?). Auch wenn ich kompetent bin und das Problem wirklich lösen muß, kann *Ausweichen*, das Verleugnen der eigenen Kennerschaft, *Entrinnen* aus der Routine die Problemlösemethode der Wahl sein. Diese Vorgehensweise ist im Kapitel 5 ausführlich behandelt. Hier schon ein «Schmeckhappen»: Euklids Beweis, daß es unendlich viele Primzahlen gibt (Tabelle 2.3).

Er besteht aus *Induktion (Generalisierung)* und Entfernung vom Problem mit plötzlicher Erkenntnis von einem neuen Standort aus (Force fit, Erleuchtung).

Verzerrende Reflexion betreibt, wer z. B. seine Problemstellung vom Deutschen ins Russische, vom Russischen ins Englische, vom Englischen ins Ungarische, vom Ungarischen ins Französische und vom Französischen wieder ins Deutsche übersetzen läßt. Er wird sein Problem kaum noch wiedererkennen, aber vielleicht ist er der Lösung nähergekommen. Diese Problemlösevariante hat der ungarische Satiriker KARINTHY FRIGYES in einigen Gedichten ausgekostet. Sie ist aber durch die Übersetzungscomputer nicht mehr nur

BEHAUPTUNG:	Es gibt ∞ viele Primzahlen.
ZIEL:	Beweis, daß es für jede Zahl eine noch größere Primzahl gibt.
VORGEHEN:	1. Zahl N denken (*Generalisierung:* Es gibt ∞ viele N) 2. N! bilden N! ist durch alle Zahlen $\leq$ N teilbar 3. N!+1 N!+1 ist nicht teilbar durch 2, weil Rest 1 N!+1 ist nicht teilbar durch 3, weil Rest 1 N!+1 ist nicht teilbar durch 4, weil Rest 1 N!+1 ist nicht teilbar durch N, weil Rest 1 4. d. h. N!+1 = Primzahl (*Ziel erreicht mit Force fit*)
METHODE:	Entfernung durch einzelne kleine logische Schritte, plötzlich bedeutender Schluß (*einfach, zwingend, schön*).

Tabelle 2.3 Euklids Beweis für die Existenz unendlich vieler Primzahlen

ein spaßiger Gedanke, sondern kann selbst zum Problem werden, wie nachfolgendes Zitat zeigt.

«obacht geben dass, gleichmaessig im trockenen Abstand zwischen ihrem traeger und dem lassen, der sie auf der Autobahn nicht auf der Weise der linken seite dauerhaft verteilen, die für die einaigen goings jenseits aufgehoben wird; die notschulter nur im falle der absoluten notwendigkeit verwenden; interdisez sie irgendein spiritusverbrauch und gebildete helle mahlzeiten; bleiven der patient und zoegern nichet die verschiedenen wege des unballastings zu verwenden, denen sie.» – Französisches Teletext-System, Übersetzungsdienst MITRAD – Der französische Text wurde erst ins Englische übersetzt und dann vom Englischen ins Deutsche». (Notschulter = shoulder = Seitenstreifen der Autobahn)

Mit Computern hat auch *Innovation durch Ballast* zu tun. Als die Datenbanken noch sehr schlecht waren und es mit der Eingrenzung der Suchbegriffe noch nicht so gut klappte, kam SCHUMACHER auf die Idee, den Datenballast nicht einfach verärgert wegzuwerfen, sondern ihn kreativ mit dem eigentlich Gewünschten zu verbinden.

Das fällt unter *Suchfelderweiterung* und *Reizwortanalyse*, die ein eigenes Kapitel (5) füllen.

Die *Transformation* als Problemlösemethode ist uns vom Transformator her bekannt. Wir benutzen Transformation aber auch, wenn wir mit Logarithmen rechnen. Bekanntlich werden Zahlen multipliziert, indem man ihre Logarithmen addiert. Die Logarithmen sind gewissermaßen «vorgekochte» Zahlen, die uns eine Rechenebene ersparen. So funktionierte der gute alte Rechenschieber. Im erfindungsreichen Vereinigten Königreich gab es davon eine Variante, die äußerlich einem Seemannsfernrohr ähnelte. Die logarithmische Skala war beim englischen Rechenrohr spiralförmig aufgetragen, wodurch auf kleinstem Raum eine effektive Rechenlänge von 10 m erreicht wurde.

«Optische Transformationen» als Ersatz für Fourier-Transformationen zur Auswertung von Röntgen-Kristallaufnahmen werden in Kapitel 9 behandelt.

Assoziationen sind für Problemlösungen so wichtig, daß man dazu kaum etwas Kurzgefaßtes sagen kann. Auch das uns völlig Neue ist uns in seinen Elementen immer bekannt. Wir nehmen lediglich Informationen auf und modifizieren sie. Ein Weg zum Neuen besteht darin, das Informationspaket in Elemente zu zerlegen, Verbindungen mit anderen, ähnlichen Elementen herzustellen und zu kombinieren. Ein anderer Weg besteht darin, ganze Informationspakete gegeneinander auszutauschen *(Substitution)*, sobald das Kriterium der Mindestähnlichkeit ihrer Wirkung erfüllt ist. Beide Wege brauchen die Assoziation.

Die Liste der Aktionen (Bild 2.5) wurde durch Durchdenken, Sammeln und Ordnen nach dem Brainstorming erstellt. Sie nehmen gerade Information auf. Reagieren, verfremden Sie, durchdenken Sie, abstrahieren, assoziieren und ordnen Sie! Schon haben Sie durch Reaktion eigene, neue Aktionen gefunden. Vergleichen Sie!

... nur wer vergleicht, kann seine Gedanken vervollständigen. (Marcel Proust)

Es gibt viele Checklisten mit Fragen zur Anregung der Ideenproduktion, z.B. Kopmeyers Fragen [6] und das Quickstorming von

Morawa [3]. Wir wollen uns als Zusammenfassung noch einmal die Checkliste von Alex Osborn ansehen (Tabelle 2.4, [1]), aber – spätestens ab sofort ist Ideenproduktion kein Problem für Sie.

Eine mögliche Kombination von Problemlösetechniken zeigt Bild 2.10.

Komplexe Realität

↓

Suchraum einengen durch Findeverfahren (Heurismen)

↓

Optimierung der Ansätze

Zwischenziele setzen (Kombination von Vorwärts- und Rückwärtsplanung).

Bergsteigen/Methode des steilsten Anstiegs (nur in Richtung Ziel gehen, keine Umwege, Vorsicht vor Nebengipfeln!).

Effizienz – Divergenz (Österreich 1988) (Situation mit vielen Freiheitsgraden für das weitere Handeln anstreben)

Frequency gambling (Reason 1988). (Was hat sich in der Vergangenheit als oft anwendbar erwiesen?)

↓

Nach erfolgloser Suche Suchraumwechsel

↓

Suchraum erweitern durch Findeverfahren (Heurismen)

Trial & Error (Mutationsferment)

Morphologischer Kasten (als Formalisierung von Trial & Error)

Ausfällen des Gemeinsamen (Duncker 1965). (Gemeinsame Merkmale der bisher erfolglosen Lösungsansätze herausfinden, gegen andere Merkmale austauschen.)

Analogieschluß (Zwangsverknüpfung durch Random-entry-Methode).

Synektik (J. Gordon 1961)

↓

Formulierung der Lösungsansätze

Bild 2.10 Mögliche Kombination von Problemlösetechniken

1. Andere Anwendungsmöglichkeiten:	– Andere Anwendung des Objekts Beispiel: Früher galt das Fahrrad als Fortbewegungsmittel. Andere Fahrmöglichkeiten wurden inzwischen populärer, wie Auto, Bus, Tram usw. – das Fahrrad verstaubte im Keller. Erst als jemand das gute, alte Velo als Trimm-dich-Mittel propagierte, wurde es wieder ein Verkaufshit! – Anderer Personenkreis, neue Zielgruppen
2. Anpassen:	– Bestehen Ähnlichkeiten zu einem anderen Objekt, Modell, System (Analogien aus Natur, Technik, Planungsmodelle usw.)?
3. Verändern:	– Neue Form, Farbe, Größe, Aussehen, Aufmachung (Werbeprospekte, Verpackung usw.)
4. Vergrößern:	– Produkt vergrößern, verlängern, verbreitern – Widerstandsfähigkeit erhöhen – Mehr Zeit auf etwas verwenden – Erhöhte Investition
5. Verkleinern:	– Können Sie etwas weglassen? – Können Sie den Zeitaufwand verringern? – Was kann man kleiner, niedriger, kürzer, leichter machen? Beispiel: Bei der Problemlösung «Wie kann der berühmte Butterberg abgebaut werden» wurde «atomisieren» vorgeschlagen. Daraus entstanden die abgepackten Butterportionen in den Hotels.
6. Ersetzen:	– Müssen Materialien ersetzt werden? – Andere Bestandteile, Energiequellen, Standorte, Verkaufspläne, Märkte usw.
7. Umformen:	– Reihenfolge ändern – Neue Modelle entwerfen – Neue Versuchsanordnungen – Veränderte Geschwindigkeiten

8. Umkehren:	– Das Gegenteil erreichen (inverses Brainstorming!) Beispiel: der Versandhandel, also Einkauf per Katalog, entstand aus den Umkehrfragen: – Wie kommt der Kunde zu meinen Waren? – Wie kommen meine Waren zum Kunden?
9. Kombinieren:	– Neue Mischungen – Mehrere Anwendungsmöglichkeiten – Mehr Ideen – Weitere Ziele anvisieren – Mit einem Schlag zwei Fliegen treffen!

Tabelle 2.4 Osborns Checkliste zur Anregung der Ideenproduktion

Eine ausführliche Form dieser Checkliste findet sich im Anhang.

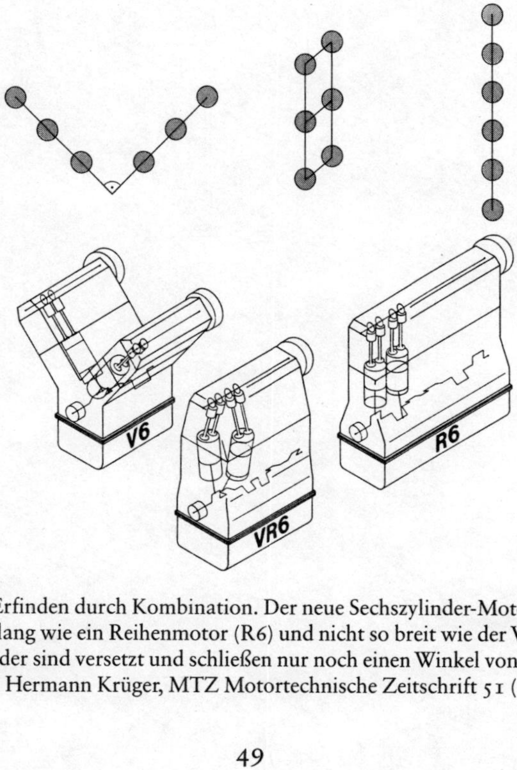

Bild 2.11 Erfinden durch Kombination. Der neue Sechszylinder-Motor von VW ist nicht so lang wie ein Reihenmotor (R6) und nicht so breit wie der V6-Motor. Die Zylinder sind versetzt und schließen nur noch einen Winkel von 15° ein. [Quelle: Hermann Krüger, MTZ Motortechnische Zeitschrift 51 (1990)]

Wenn Sie für ein Problem wirklich gar keinen Lösungsweg finden sollten, ändern Sie einfach das Problem!

Lernen wir von Bert Brecht:

Wenn du einen Gedanken noch nicht gedacht hast, denke ihn. Du darfst es.

Kapitel 3

VON LULLUS' MÜHLE ZU ZWICKYS KASTEN

Von Lullus bis Zwicky sind es 700 Jahre – eine lange Zeit. Und doch gibt es eine Verbindung zwischen ihnen. Beide verwendeten zum Ideenfinden eine im Prinzip ähnliche Methodik: die logische Strukturierung des Suchfeldes und anschließend Zwangsverknüpfungen innerhalb dieses Suchfeldes. Oder anders gesagt: eine Kombination von Systematik und Zufall. Beide verwendeten auch eine Art Mechanik für die Strukturierung: Lullus eine Mühle und Tafeln, Zwicky einen Kasten mit Schubfächern.

Vordergründig gesehen, strebten beide verschiedene Ziele an. Lullus suchte immer neue gute Gründe für die logische Bekehrung der Heiden, Zwicky moderne Problemlösungen auf technischem Gebiet. Gemeinsam ist beiden das missionarische Bemühen um ein «richtiges» Weltbild mit logischen Mitteln.

Lullus' Mühle

Eigentlich hieß er Ramon Amat wie sein Vater, ein Edelmann im aragonesisch-katalanischen Königreich. Sein Vater hatte schon den Spitznamen Llull, das heißt Unkraut, Störenfried, Streitmacher. Der Vater hatte unter Jaume I. 1229 Mallorca eingenommen und zum Dank Ländereien auf Mallorca erhalten. Trotz größeren Besitzes auf dem spanischen Festland ließ er sich auf Mallorca nieder und heiratete 1231. Ein Jahr später wurde ihm der Sohn Ramon geboren [17] oder erst 1235 [18]. Welche Lebensdaten richtig sind, kann ich nicht beurteilen. Da es darauf im Rahmen unserer Erörterung aber auch nicht ankommt, zitiere ich im folgenden nur die aus [17] (s. Tabelle 3.1).

RAIMUNDUS LULLUS' VITA		
* 1232 Mallorca		
– 1263	Höfling und Edelmann	ca. 30 Jahre
1263	Erweckungserlebnis	
– 1275	Studium: Arabisch, Hebräisch, Philosophie, Theologie	ca. 10 Jahre
– 1315	Reisen und Schreiben	40 Jahre
	Ziele:	
	1. Logische Überzeugung von Nichtchristen in ihrer Sprache	
	2. Sprachschulen für Missionare	
	3. Bestes Buch der Welt (Ars magna) schreiben, 27 000 Seiten	
† 1316	Steinigung durch aufgebrachte Araber	

Tabelle 3.1 Raimundus Lullus' Vita [17]

Sein Leben läßt sich grob in drei Abschnitte einteilen: Bis zum Alter von 30 Jahren genoß er Ausbildung und Leben eines spanischen Edelmanns bei Hof. Er war standesgemäß verheiratet, hatte zwei Kinder und gab sich einem ausschweifenden Lebenswandel voller Abenteuer und Vergnügen hin.

Dann hatte er ein religiöses Erweckungserlebnis. Während er ein Minnelied dichtete, erschien ihm fünfmal die Vision von Jesus am Kreuz. Darauf gab er das Dichten auf, warf sich zu Boden und betete. Nach einer Legende war es noch dramatischer: Ramon hatte sich in eine verheiratete Dame verliebt und stellte ihr sogar in der Kirche nach. Die Dame sah ein, daß Ramon nicht zur Vernunft zu bringen sei, und gewährte ihm schließlich ein Rendezvous. An einem geheimen Ort entblößte sie vor ihm ihre von Krebs zerstörte Brust. Das soll Ramon schlagartig die Vergänglichkeit und die Notwendigkeit eines sinnvollen Lebens klargemacht haben. Durch das Erweckungserlebnis wurde aus dem Lebemann ein Glaubensritter, durch Selbststudium schließlich Ramon der Doctor Illuminatus Raimundus Lullus.

Sein Hauptziel, alle Zweifel aus der Welt zu schaffen, wollte er über drei verknüpfte Unterziele erreichen:

1. Juden und Mohammedaner wollte er logisch (und damit endgültig) von der christlichen Wahrheit überzeugen.
2. Da er dies nicht allein bewerkstelligen konnte, wollte er Sprachschulen gründen, in denen viele Missionare Arabisch und Hebräisch lernen.
3. Zur theoretischen Untermauerung und für den Unterricht in den Sprachschulen wollte er schließlich das beste Buch der Welt schreiben.

Bevor er andere belehren konnte, mußte er selbst lernen. In ca. zehn Jahren eignete er sich das Wissen seiner Zeit, besonders in Theologie und Philosophie, an und lernte Arabisch und Hebräisch.

Dann hatte er 1275 auf dem Berg Randa bei Palma de Mallorca eine Erleuchtung für das beste Buch der Welt, die «Ars magna» (oder «Ars maior»).

In «Ars magna» beschreibt LULLUS eine Kombinationsmethode zur Erfindung von Wissen. Gestützt durch eine mechanische Drehvorrichtung – eine «Mühle» nach Art der Kinderrassel – findet er immer neue Kombinationen des Weltwissens. Diese Zufalls- und Zwangsverknüpfungen führen zu immer neuen Argumenten und Einsichten. Wer die Mühle besitzt und anwendet, ist nie mehr ideen- und ratlos. Die Mühle greift auf arabische und jüdische Methoden zurück. Die islamische Philosophie kennt den Kreis als Gottes- und Vollkommenheitssymbol, die jüdische Kabbala verwendet Buchstabenkombinationen.

Wie sah nun Lullus' Mühle aus?
Sie bestand aus drei konzentrischen verschiedenfarbigen Holzscheiben, die sich wie bei einer Kinderknarre segmentweise gegeneinander verdrehen lassen (Bild 3.1). Die drei Scheiben bestanden jeweils aus neun (drei × drei) Segmenten, die mit den Buchstaben B, C, D, E, F, G, H, I und K beschriftet waren, wie in Bild 3.2 zu sehen.

Buchstabe A war schon als Bezeichnung der wichtigsten Scheibe vergeben: Diese Scheibe A demonstriert die Einheit der Eigenschaften B bis K in Gott; die «absoluten Prinzipien».

Eine andere Scheibe hieß T (= Ternare) und zeigte die relativen Prinzipien (Bild 3.2 rechts). Diese Scheibe ist für die Demonstration

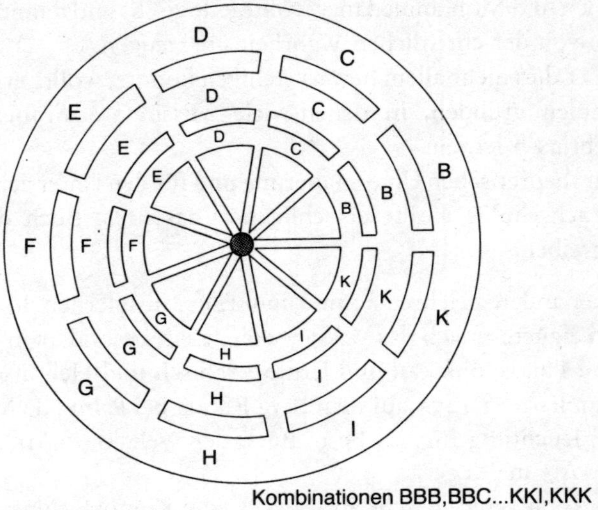

Bild 3.1 Lullus' Mühle, Ars Magna (Nachbau mit Pappscheiben)

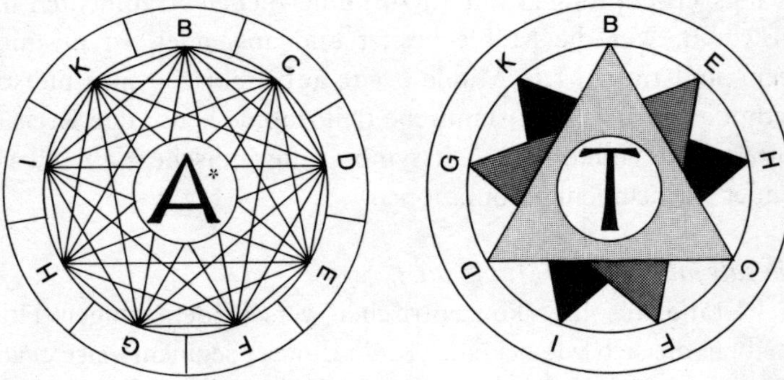

Bild 3.2 Lullus' Mühle mit den Scheiben A und T (nach [2])
* gilt für Gott

der Beziehungen von Feldern B bis K (allgemein) oder Eigenschaften von A (speziell) wichtig.

Über der Mühle befand sich eine Tafel mit Erklärungen für die Buchstaben auf den drei Scheiben (Bild 3.2).

An der Mühle wurden jeweils nur drei Scheiben verwendet. Aber es gab mehr als drei Tafeln. So konnte LULLUS das Wissen aus Medizin und Jura, Ethik (Tugenden und Laster) usw. einbringen und die Kombinationsmöglichkeiten vervielfachen (Tabelle 3.2). Die Tafeln sind der «Kornspeicher» der Mühle. Die Verdrehung der «Mühlräder» (die Hardware) bringt immer neue Verbindungen zustande – angefangen von BBB, BBC, BBD, BBE, BBF, BBG, BBH, BBI, BBK über BCB, BCC, BCD,... bis zu KKI und schließlich KKK.

Alle Kombinationen wollen wir hier nicht aufschreiben. Sie füllen 22 Seiten der «Ars Magna». Die 22 Seiten mit Dreierkombinationen von Buchstaben wirkte auf Lullus' Zeitgenossen wie Buchstabenmystik; sie waren nicht an Computerausdrucke gewohnt. Deshalb entwickelte LULLUS eine Art Software, ein Regelwerk, das die Verwandlung der Buchstabenkombinationen in sinnvolle Sätze lehrt.

Ohne dieses Regelwerk wäre die Mühle ein Zufallsgenerator, der auch unsinnige oder sogar religiös verbotene Sätze produziert wie etwa «Gott ist lasterhaft». Das Regelwerk gibt aber auch an, wie vorzugehen ist, damit keine der möglichen Kombinationen vergessen wird. Angenommen, LULLUS wolle über Güte und Größe Gottes (Buchstaben B und C in der Tafel für Scheibe A) nachdenken. Er bildet dazu der Einfachheit halber zunächst die Zweierkombination BC. Diese Buchstaben können maximal 48mal miteinander verknüpft werden, indem die Begriffe aus der Tafel der Reihe nach alle Stellungen im Satz durchgehen.

1. Güte ist groß
2. Güte ist unterschieden
3. Güte ist einheitlich

Nun folgen je drei einfache Aussagesätze für Größe, Unterschied und Einheit. Dann kommen komplexere Satzformen und am Ende philosophische Fragesätze:

46. Was ist die große Einheit?
47. Welche Einheit ist unterschieden?
48. Was ist die unterschiedene Einheit?

	B	C	D	E	F	G	H	I	K
1. Attribute Gottes Scheibe A	Güte	Größe	Dauer	Macht	Weisheit	Wille (Liebe)	Wirkkraft	Wahrheit	Herrlichkeit
2. Beziehungen der Dinge zueinander Scheibe T	unterschieden	einheitlich	entgegengesetzt	einander Ursache	einander Wirkung	einander Ende	< kleiner	= gleich	> größer
3. Frageformen	Welche(s) ist?	Was ist?	Woher?	Weswegen?	Wieviel?	Wie beschaffen?	Wann?	Wo?	Wie?
4. Medizin									
5. Jura									
6. Tugenden									
7. Laster									
… … … …									

Tabelle 3.2 Tafeln für die Kreisscheiben der Lullus-Mühle

Diese 48 mechanisch-kombinatorisch produzierten Sätze wären nun nach den Regeln weiter zu spezifizieren und durch Zusatzfragen zu vervielfachen. Am Ende wären alle möglichen Sätze über Güte und Größe zusammengetragen – ohne die Frage nach ihrem Sinn zu stellen.

Das macht auch ein Computer heute so. Tatsächlich haben Mitarbeiter der Firma Siemens in Berlin Lullus' Mühle samt Tafeln erfolgreich in die Computersprache Cobol übersetzt. Lullus war «der erste Hacker mit Zugang zu den himmlischen Datenbanken» [18]. Er hat das erste theologische Expertensystem geschaffen. Das Wesen eines Expertensystems besteht ja darin, keine endgültigen Resultate zu liefern, sondern Alternativen als Entscheidungshilfen; Datenkombinationen, die nochmals interpretiert werden müssen.

Dieses Ziel hat 700 Jahre später auch Zwicky erreicht – mit seinem morphologischen Kasten.

Zwickys Kasten

Fritz Zwicky lebte von 1898 bis 1974 (Tabelle 3.3). Was ihn mit Raimundus Lullus verbindet, ist mehr, als man vermuten könnte. Auch Zwicky blickte als Astronom oft himmelwärts. Aber diese formale Übereinstimmung der Blickrichtungen trennt die beiden eher. Zwicky war ein vorurteilsloser Naturwissenschaftler, der nicht gläubig schwärmerisch in den Himmel sah, sondern exakt forschend und bohrend. Er entwickelte sogar Treibstoffe, um damit Raketen in den Himmel schießen zu können.

Was Zwicky und Lullus verbindet, ist das missionarische Bemühen um ein humanistisches «richtiges Weltbild» und um das Ausräumen von Verwirrungen mit Hilfe einer gesamtheitlichen Logik. Die Übereinstimmung in der Methode zur Erzeugung aller möglichen Kombinationen ist geradezu frappierend. Beide gehen von bekanntem Wissen als Stützpunkte aus, spannen darüber ein Netz und streben die totale Feldüberdeckung an. Bei ihrer Totalitätsforschung verwenden beide mechanische Hilfsmittel: Lullus eine «Mühle» (Bild 3.1), Zwicky den Morphologischen Kasten (Bild 3.3).

FRITZ ZWICKYS VITA		
* 14.2.1898	Warna	Ausbildung in der Schweiz
		Professor am California Institute of Technology, Pasadena, USA
		Hauptastronom an den Sternwarten Mount Wilson und Mount Palomar
		Arbeiten über extragalaktische Sternensysteme, Entdeckung von 20 Supernovä in Spiralnebeln
		Voraussage der Existenz von Neutronensternen
		Gründung der «Society for Morphological Research» in Pasadena
1961–1968		«Catalogue of galaxies and clusters of galaxies» 6 Bände
† 8.2.1974	Pasadena	

Tabelle 3.3 Fritz Zwickys Vita [19]

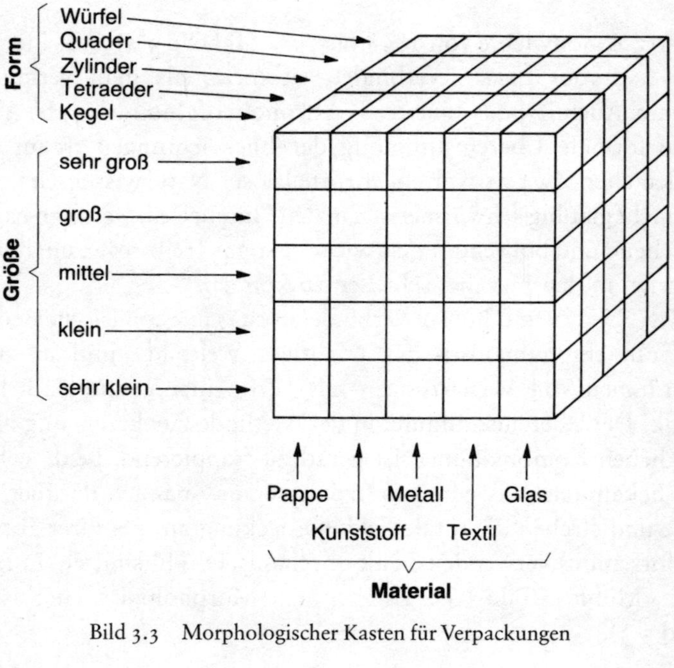

Bild 3.3 Morphologischer Kasten für Verpackungen

In seinem Buch [20] stellte er sein Programm vor. Er testete seine Methode an Problemen aller Art:

- ☐ sämtliche Möglichkeiten der Energieumwandlung,
- ☐ bestmögliche Organisation von Betrieben,
- ☐ sämtliche Arten regelmäßiger Polyeder,
- ☐ Rechtsfragen bei der Nutzung des Weltraums,
- ☐ Erfindung neuer Treibstoffe,
- ☐ kulturelle und wirtschaftliche Aspekte bei Briefmarken,
- ☐ Nachbeschaffung fehlender Zeitschriften für kriegszerstörte Bibliotheken,
- ☐ Fortbewegung unseres Sonnensystems,
- ☐ Bewegung von Strahltriebwerken im Erdinnern.

Systematisch und logisch, ganz im Einklang mit seiner Methode, gründete Zwicky die «Society for Morphological Research» mit Sitz in Pasadena, Kalifornien, USA. Das war gewissermaßen *seine* Missionsschule, mit der er große Ziele verfolgte:

- ☐ Verbreitung der morphologischen Methode,
- ☐ Erarbeiten von Monographien zur Analyse und Neubewertung einzelner Techniken und ihrer Wissenschaften,
- ☐ Überwindung der Verirrungen des menschlichen Geistes.

Morphologischer Kasten

Der Morphologische Kasten ist nach Zwickys Definition nicht auf drei Dimensionen beschränkt. Das widerspräche seinem Totalitätsanspruch. Aber anschaulich ist der Morphologische Kasten nur als Kasten (Bild 3.3).

Wenn man den Kasten einer Dimension beraubt, hat man mit einer Morphologischen Matrix noch immer ein gutes Werkzeug (Bild 3.4). Tatsächlich kommt die Methode Morphologischer Kasten fast immer als zweidimensionale Matrix zur Anwendung. Die leere Matrix in Bild 3.4 stammt von Zwicky [19]. Wenn sie ausgefüllt ist, enthält sie 10 × 10 = 100 Beispiele für Energieumwandlungen. Zwicky hatte vor, für jede der 100 möglichen Energieumwandlungen drei typische Beispiele zu finden, im

	kinetische E_1	elast. E_2	grav. E_3	thermische E_4	elektrische E_5	magn. E_6	chemische E_7	Strahlungs- E_8	Kern- E_9	Ru-he- E_{10}
kinetische E_1	Wasserrad Segelboot			Zündstein	Generator			Meteor		
elastische E_2	Armbrust Uhrfeder			Gummi						
gravitat. E_3	Wasserfall Skilaufen									
thermische E_4	Dampf-maschine				Thermo-dynamik					
elektrische E_5	Elektromotor				Trafo, Gleichrichter		Akku	Sender Laser		
magnet. E_6	Elektromotor									
chemische E_7	Ernährung Rakete			Ofen Oxidation Schießpulver	Batterie Brennstoff-zelle		Mineral. Proteine Leben	Chemo-lumineszenz Glühwürmch.		
Strahlungs-E_8	Solarauto			Solar …	Fotozelle		Fotosynthese Fotografie	Laser		
Atomkern- E_9	U-Boot			Atomkraft-werk	Atomkraft-werk					
Ruhe- E_{10}	Zerstrahlung									

Bild 3.4 Morphologische Matrix für 100 Energieumwandlungen

- □ mikroskopischen,
- □ makrokosmischen und
- □ kosmischen Bereich.

Damit hätte er 300 Beispiele für Energieumwandlungen zusammengestellt. Die Anwendungen könnten unterteilt werden in

- □ für die Energiewirtschaft wichtige und
- □ für die Konstruktion von Meß- und Kontrollinstrumenten nutzbare.

Zu Bild 3.4 sind von mir nur einige Beispiele für Energieumwandlungen eingetragen worden. Die vielen weißen Flecken mögen Sie zu weiterer eigener Suche anregen.

Wir können uns mit ZWICKY nur wundern, daß eine solche Systematik nicht schon lange selbstverständliches Arbeitsmittel ist. Zwischen LULLUS und ZWICKY gab es nur wenige große Anwender morphologischen Denkens, z.B. FARADAY und MENDELEJEW/J. L. MEYER.

DIMITRI MENDELEJEW und LOTHAR MEYER haben 1869 unabhängig voneinander das Periodensystem der Elemente (PSE) zusammengestellt (Bild 3.5). In einer Tabelle ordneten sie die chemischen Elemente nach ihrer Ordnungszahl in Perioden (Zeilen) und Gruppen (Spalten) an. Später zeigte sich, daß zwischen PSE und Atomhüllenaufbau ein lückenloser Zusammenhang besteht, daß also die im PSE Platz findenden Elemente die einzig möglichen sind. Die Erklärung der Systematik erfolgte durch die Quantentheorie und speziell das Pauli-Prinzip.

Mit Hilfe des PSE konnten

- □ noch unbekannte Elemente gefunden werden,
- □ physikalische und chemische Eigenschaften verschiedenster Verbindungen abgeleitet werden.

Noch heute ist das PSE ein wichtiges Arbeitsmittel für die Chemiker.

MICHAEL FARADAY (1791 bis 1867) ist durch seine bahnbrechenden interdisziplinären Entdeckungen berühmt geworden.

P_2 Periode \ P_1 Gruppe	1	2	3	4	5	6	7	0
1	H							He
2	Li	Be	B	C	N	O	F	Ne
3	Na	Mg	Al	Si	P	S	Cl	Ar
4	K	Ca	Ga	Ge	As	Se	Br	Kr
5	Rb	Sr	In	Sn	Sb	Te	J	Xe
6	Cs	Ba	Tl	Pb	Bi	Po	At	Rn
7	Fr	Ra						
	Alkali-metalle	Erdalkali-metall				Chalko-gene	Halo-gene	Edel-gase

Atomradius und Metallcharakter nehmen zu: von oben nach unten und von rechts nach links

Höchste Oxidationsstufe: = Gruppennummer

Andere „familientypische" Eigenschaften: Wertigkeit, Atomvolumen, Ausdehnungskoeffizient, elektrische und thermische Leitfähigkeit, Schmelzpunkt, Spektrum, Farbe, magnetische Eigenschaften, Kristallhärte, Bildungswärmen der Oxide und Chloride

P_1 Gruppe = Zahl der Außenelektronen
P_2 Periode = Zahl der Elektronenschalen nach dem Schalenmodell

Bild 3.5 Gekürztes Periodensystem der Elemente als morphologische Matrix

Induktionsgesetz:
Zusammenhang zwischen Bewegung, Elektrizität, Magnetismus

Elektrochemisches Äquivalentgesetz:
Zusammenhang zwischen elektrischen und chemischen Phänomenen

Magnetooptischer Effekt:
Zusammenhang zwischen Magnetismus und Licht

Bei den bis hierher genannten Beispielen diente die Morphologische Methode der Feldüberdeckung. Die Schubfächer des Kastens waren gleichberechtigt.

Parameter und Ausprägungen

Wenn man die 1. Kastenreihe für Parameter reserviert und in den übrigen Schubfächern Ausprägungen dieser Parameter sammelt, löst der Kasten auch andere Aufgaben. Bild 3.6 zeigt eine Morphologische Matrix zum Thema Telearbeit. Zu jedem der sieben Parameter wurden Ausprägungen gesammelt und so die Matrix gefüllt. Damit ist die Feldüberdeckung erreicht. Nun gibt es mehrere Nutzungsmöglichkeiten:

1. *Standortbestimmung:*
(Die zutreffenden Ausprägungen werden hervorgehoben, z.B. eingekreist.)

2. *Standortveränderung:*
(Ausgehend von 1. wird mindestens bei einem Parameter eine andere Ausprägung hervorgehoben.)

3. *Parameter-Optimierung:*
(Die wünschenswertesten Ausprägungen pro Parameter werden zeilenweise eingekreist.)

4. *Ideenfindung:*

(Die besten Ausprägungen nach 3. werden miteinander verbunden.)

Parameter ↓	Ausprägungen →					
1. Räumliche Lage	Zweigstelle	Satellitenbüro	Nachbarschaftsb.	zu Hause		
2. verwendete Technik	Bote	Telefon u. Briefpost	Teletex, Btx	Terminal, direkt	Terminal, Breitband	
3. Arbeitsaufgabe	Schreiben	einfache Sacharbeit	spezial. Sacharbeit	Programmierung	Management	Wissensch. Kunst
4. Personengruppe	Ohne bes. Merkmale	Frau mit Kleinkind	Behinderte	Strafgefangene		
5. zeitlicher Modus	gelegentlich	bedarfsweise	regelmäß. Teilzeit	regelm. Vollzeit		
6. organisatorischer Modus	ständig dezentral	zentral/dezentral	zentral dominant	dezentral dominant		
7. rechtlicher Status	Arbeitnehmer	Heimarbeiter	Leiharbeiter	freier Mitarbeiter	Franchising	Werkvertrag

Bild 3.6 Morphologische Tafel «Telearbeit» [10]

Kreative Problemlösungen

Morphologische Matrix

Neue Ideen entstehen durch die Zwangsverknüpfung an sich optimaler Ausprägungen, die in summa aber nicht harmonieren. Es entstehen Kombinationen, die wir üblicherweise nicht ernst nehmen. So dient der Morphologische Kasten also nicht nur dem vollständigen Erfassen eines Realitätsausschnittes, sondern regt auch zu kreativen Problemlösungen an. Das Ablaufschema ist in Bild 3.7 wiedergegeben.

Die Bilder 3.8 bis 3.11 zeigen Beispiele für unterschiedlichste Anwendungsgebiete: Verpackung, Waschmittel, Welternährung, Marketingstrategien.

Beispiel Verpackung:
Wenn man den Absatz kleinerer Mengen von Edelmetall, z.B. von Münzen aus Gold, Silber oder Platin, Schmuckbarren usw., fördern möchte, muß man diese Dinge für den Käufer attraktiver machen. Eine Ware wird attraktiver, wenn sie sympathisch beworben, schön verpackt oder preiswerter wird.

Um die Verpackung zu verbessern, kann man eine Morphologische Matrix wie Bild 3.8 zusammenstellen. Aus der Matrix lassen sich viele neue Verpackungen ableiten, aber auch Ideen für neue Produkte.

Die eingekreisten Ausprägungen ergeben: den «Goldklumpen im Lederbeutel mit Echtheitssiegel» – Goldgräberromantik mit Verbraucherschutz, Sparstrumpf mit Snob Value, ein Geschenk von schwer schätzbarem Wert.

Beispiel Waschmittel:
Wer seine Waschmaschine startet und noch ein paar Sekunden versonnen durch das Bullauge die Rotation vertrauter Muster verfolgt, ist sich wohl selten dessen bewußt, welch ausgefeilte Mischung von Chemikalien seiner Wäsche Sauberkeit, Helligkeit und Duft verleiht.

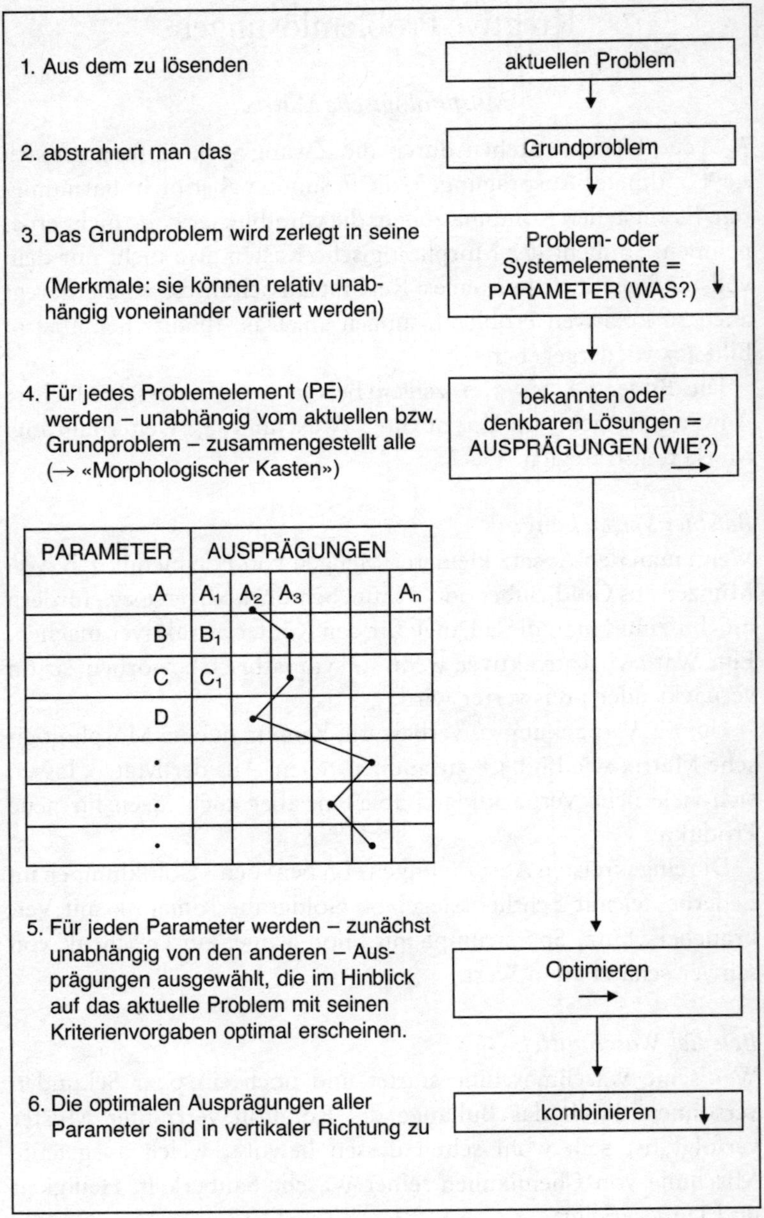

Bild 3.7 Ablaufschema «Problemlösen mit dem Morphologischen Kasten»

Parameter WAS? ↓	Ausprägungen WIE? →					
Verpackungsgut	Münze	Barren	Anhänger	Granulat	Nugget	integrierte Münze: z. B. als Radfelge, Brosche
Gewicht des Inhalts	5 g	10 g	20 g	50 g	100 g	200 g	variabel
Form des Inhalts	flach, rund	flach, rechteckig	Quader	unregel-mäßig	viel-eckig	räumliches Objekt	oval
Form der Verpackung	Etui, Schachtel	Klarsicht-tasche	Beutel	Börse	Klarsicht-würfel	Truhe, Ei, Apfel, Schwein	Bild (als Wand-schmuck)
Material der Verpackung	Pappe	Kunst-stoff	Leder	Metall	Textil	Gummi	Holz
Öffnen der Verpackung	Auf-klappen	Zer-stören	Folie abziehen	entfalten	Schublade heraus-ziehen	Aufreiß-streifen ziehen	Druckknopf
Kennzeichnung der Verpackung	Etikett	Anhänger	Aufdruck	Prägung	Siegel	ohne, ent-hält Lupe zur Be-trachtung des Inhalts	Deckelein-lage, Bei-packzettel

Bild 3.8 Morphologische Matrix «Verpackung von Münzen, Barren usw. aus Edelmetall»

Parameter WAS? ↓	Ausprägungen WIE? →				
Waschaktivität	Seife	Alkylbenzolsulfonate	Nichtionische Tenside	Fettalkoholsulfate	Alkoholethersulfate
Bleichwirkung	Na-Perborat • 4 H_2O	Na-Perborat • H_2O	NaOCl	Na-Percarbonat	Peroxicarbonsäuren
Aktivator	TAED[1]	NOBS[2]			
Perboratstabilisator	EDTA[3]	Phosphonsäuren	Magnesiumsilikat		
Komplexbildner[7]	EDTA	STP[5]	NTA[4]	Citrat	Phosphonsäuren
Ionenaustauscher				Zeolith A	
Cobuilder	Na-Polycarboxylat	Schichtsilikat	NTA[4]	Citrat	
Enzym	Amylasen gegen Stärke	Proteasen gegen Eiweiß	Lipasen gegen Fette		
Schmutzdispergierung Vergrauungsinhibitor	CMC[6]	STP[5]			

1) Tetraacetylethylendiamin
2) Nonoyloxybenzolsulfonat
3) Ethylendiamintetraacetat
4) Nitrilotriessigsäure
5) Na-Tripolyphosphat
6) Carboxymethylcellulose
7) Wasserenthärtung erfolgt durch Komplexbildner und Ionenaustauscher

Parameter WAS? ↓	Ausprägungen WIE? →				
Alkalisierung	Soda	Na-Silikate	K-Silikate		
optischer Aufheller	Stilbenderivate	Triazolderivate	Ethylenverbindungen wie Distirylbiphenyl (DSBP)		
Entschäumer	Seife	Nichtionische Tenside	Siliconöl		
Füllstoff	Na_2SO_4				
Geruchsverbesserung	Parfüm				
Korrosionsinhibitor	Na-Silicat				
Anticaking					
Färbung					
. .					

Bild 3.9 Morphologische Matrix «Waschmittel» (modifiziert nach [11], aktualisiert von Frau Dr. Dorfer, Degussa AG)

Für das eigentliche Waschen sind nur einige molekulare Heinzelmännchen tätig. Die meisten sind Hilfstruppen und sorgen z. B. für optimale Waschbedingungen und für «Müllabfuhr». Andere haben mit dem Waschen nur indirekt zu tun: Das Waschpulver soll sich gut dosieren lassen. Man möchte nicht mit dem Hammer Stücke von einem großen Klumpen abschlagen und diese dann abwiegen. Schließlich gibt es auch Zauberer: Die optischen Aufheller wandeln unsichtbares ultraviolettes Licht in sichtbares um und erzeugen so das Superweiß. Bild 3.9 zeigt einen Morphologischen Kasten für Waschmittel.

Eines der führenden Waschmittel besteht u. a. aus den eingezeichneten Bestandteilen. Auch dieser Kasten lädt zu Innovationen ein. Wenn flüssige Waschmittel vom Markt akzeptiert werden, können Füll- und Trägerstoffe sowie Anticaking-Mittel weggelassen werden. Außerdem sind die Allround-Waschmittelkombinationen eigentlich zu gut. Sie sind so eingestellt, daß sie auch bei härtestem Wasser und stärkster Anschmutzung noch zufriedenstellend arbeiten und bleichen. Sobald der umweltbewußte Verbraucher bereit ist, sich vor dem Einschalten der Maschine ein paar Fragen zu beantworten (z. B. Wie hart ist mein Wasser? Wie schmutzig ist meine Wäsche? Soll sie gebleicht und/oder optisch aufgehellt werden?), wäre er reif für das Waschmittel im Baukastensystem.

Beispiel Welternährung:
Der Hunger in der Welt muß dringend gestillt werden. So sucht man nach genügsamen Pflanzen, die sich für die Ernährung eignen, züchtet ertragreichere Sorten und sucht neue Arten. Dabei kann eine Morphologische Matrix wie in Bild 3.10 helfen. Die markierten Ausprägungen deuten auf eine Pflanze wie Brennessel oder Edelweiß.

Das *Beispiel Marketingstrategien* (Bild 3.11 [22]) soll die Vielfalt von Einzellösungen demonstrieren, nämlich 3,25 Billiarden.

Parameter WAS? ↓	Ausprägungen WIE? →					
Wachstumsmedium	Stein	Lehm	Humus	Wasser		
Wachstums-geschwindigkeit	langsam	mittel	schnell			
Wasser	weich	hart	kalt	schmutzig		
Dünger	organisch	Nitrat	Mischung	ohne		
Klima	feucht	warm	heiß	kalt	wechselnd	egal
Energie	Sonne	Heizung	Mond	UV		
Nutzbare Teile	Wurzel	Stiel	Blätter	Samen	Früchte	alles
Ernte	fällt ab	schneiden	pflücken	zupfen	pressen	extrahieren

Bild 3.10 Morphologische Matrix «Suche nach Pflanzen für die Ernährung» (modifiziert nach [12])

Parameter			Ausprägungen Nr.	1	2	3	4
1. Produktpolitik	1.1 Produktprogrammpolitik		1	Programmerweiterung	Programmeinengung	Normung	Programmbereinigung
	1.2 Produktgestaltung		2	Vereinfachung	Qualitätsänderung	Verbesserung der Funktionserfüllung	Formänderung
2. Vertrieb	2.1 Wahl der Absatzwege		3	Handelsvertreter	Eigene Vertriebsgesellschaft	Handelsvertreter und eigene Vertriebsgesellschaft	Handelsvertreter, eigene Vertriebsgesellschaft und Einzelhandel
	2.2 Marketing-Logistik	2.2.1 Lagerhaltung	4	Zentrallager	Regionale Auslieferungsläger	Produktgetrennte Auslieferungsläger	Abhol- und Auslieferungsläger
		2.2.2 Versandart	5	Speditionsversand	Bahnversand	Postversand	Sammelversand mit eigenem Lkw
	2.3 Verkaufsorganisation		6	Angestellte Reisende	Einfirmenvertr. als selbständige Handelsvertreter	Mehrfirmenvertreter	Reisende und Einfirmenvertreter
3. Konditionenpolitik	3.1 Preis- und Rabattpolitik	3.1.1 Preisgestaltung	7	Individuell ausgehandelte Preise	Preisliste mit individuell ausgehandelten Rabatten	Preisliste mit festen Rabatten	Unterschiedliche Preislisten für ein Produkt
		3.1.2 Preisdifferenzierung	8	Preisdifferenzierung nach Verwendungsart	Preisdifferenzierung nach Abnehmerbetriebsgröße	Preisdifferenzierung nach Bedarfsdringlichkeit	Preisdifferenzierung nach Bedarfshäufigkeit
		3.1.3 Rabattgestaltung	9	Großhandelsrabatt	Einzelhandelsrabatt	Absatzfunktionsrabatt	Finanzierungsfunktionsrabatt
	3.2 Zahlungsbedingungen		10	Vorauszahlung	Barzahlung	Teilzahlung	Barzahlung und Skonto
	3.3 Garantieleistungen		11	Rückgaberecht bei Nichtgefallen	Garantie einer Mindestmenge	Garantie einer Mindestleistung	Garantie einwandfreier Funktionserfüllung
	3.4 Lieferfristen		12	Gesamtlieferung zu bestimmter Zeit	Lieferung innerhalb einer bestimmten Frist	Lieferung nach Fertigstellung	Lieferung nach Zahlung
4. Absatzförderung	4.1 Werbung		13	Werbung auf Verpackungsmitteln	Direktwerbung bei Konsumenten	Direktwerbung bei Händlern	Inserate
	4.2 Verkaufsförderung		14	Vorträge	Kurse	Filme	Wettbewerbe und Preisausschreiben
	4.3 Verkaufsgespräch		15	Persönliches Zwiegespräch ohne weitere Hilfsmittel	Telefongespräch	Gespräch mit visuellen Hilfsmitteln (Charts, Modelle)	Gespräch mit akustischen Hilfsmitteln (Tonband)
	4.4 Kundendienst		16	Technische Beratung	Schulungskurse	Montagehilfen	Inbetriebnahmeunterstützung

5	6	7	8	9	10	11
Programmvertiefung	Aufnahme neuer Produkte	Sortimentsergänzung				
Veränderung der Lebensdauer	Designveränderung	Veränderung der Dimensionen	Qualitätsveränderung	Werkstoffänderung		
Großhandel	Einzelhandel	Facheinzelhandel	Groß- und Einzelhandel			
Zentralläger und regionale Auslieferungsläger	Bedarfsläger	Mietläger	Keine Lagerhaltung (Anfertigung auf Bestellung)			
Einzelversand mit eigenem Lkw	Überbringung durch Boten	Kein Versand (Abholung)	Stationäre Verbundsysteme (Pipelines, Rohrpost, Materialaufzüge etc.)			
Reisende und Mehrfirmenvertreter	Reisende, Ein- und Mehrfirmenvertreter	Ein- und Mehrfirmenvertreter	Keine Verkaufsaußenorganisation			
Preisliste mit festen Preisen ohne Rabatt	Preisliste mit unterschiedlichen Rabatten	Richtpreise	Vertikale Preisbindung	Horizontale Preisbindung		
Preisdifferenzierung nach Kundenverhalten	Preisdifferenzierung nach der Struktur der Abnehmer	Preisdifferenzierung nach Typ des Verwenderbetriebes	Preisdifferenzierung nach techn. Abnehmerregionen	Preisdifferenzierung nach wirtschaftl. Abnehmerregionen	Preisdifferenzierung nach politischen Abnehmerregionen	Keine Preisdifferenzierung
Auftragsvolumenrabatt	Auftragszusammensetzungsrabatt	Abschlußvolumenrabatt	Eigenumsatzrabatt	Gesamtumsatzrabatt	Vorausbestellungsrabatt	Saisonrabatt
Zahlung des ges. Kaufpreises zu bestimmtem Zeitpunkt	Zahlung mit Wechsel	Dingliche Sicherung	Personengebundene Sicherheit	Sicherheit durch Versicherung	Stundung auf unbestimmte Zeit	Zahlung bei Eintritt eines bestimmten Ereignisses
Garantie einer Mindestqualität	Garantie für bestimmte Produktteile	Garantie einer Mindestgebrauchsdauer	Garantie einer bestimmten Werkstoffbeschaffenheit	Garantie von bestimmten (Teil-)Eigenschaften	Garantie für Kundendienstleistungen	Keine Garantie
Lieferung auf Abruf	Lieferung in Teilmengen zu bestimmten Zeiten	Lieferung in Teilmengen innerh. bestimmter Frist	Lieferung nach Eintritt eines bestimmten Ereignisses	Lieferung baldmöglichst		
Messen und Ausstellungen	Redaktionelle Beiträge in Fachzeitschriften	Vorträge	Werbegeschenke	Hauszeitschriften und Werbefilme	Referenzen	Keine Werbung
Ehrungen	Prospekte	Gutachten	Modelle	Einrichtungshilfen	Prämien	Keine Verkaufsförderung
Gespräch mit audiovisuellen Hilfsmitteln (Tonfilm)	Demonstration des Produktgebrauches	Kein Verkaufsgespräch (z. B. Schriftverkehr)	Gruppengespräch			
Wartungsleistung	Ersatzteildienst	Reparaturausführung	Vorführungen	Hilfeleistung bei Forschung und Entwicklung	Fachvorträge	Kein Kundendienst

Bild 3.11 Morphologischer Kasten möglicher Marketingstrategien (nach SCHLICKSUPP)

Morphologisches Tableau

Das Tableau, auch Problemfeld-Darstellung genannt, gilt als Weiterentwicklung des Morphologischen Kastens, ähnelt aber meiner Meinung nach sehr stark der Energieumwandlungs-Matrix von Meister ZWICKY (Bild 3.4). Allerdings erhebt ein Morphologisches

P1 → / P2 ↓	Magnetisierung	Hell-Dunkel-Tönung	Topographie	Materialdurchbrüche	Elektr. Widerstand/Aufladung
Folienkarte		Film			
Folienband	Tonband	Schmalfilm			
Papierkarte		Filmpositiv	Blindenschrift (Papierkarte und Papierband)	Lochkarte	
Papierband		Eurocode zur Warenkennzeichnung		Lochstreifen	
Kunststoffscheibe	Scheckkarte, Diskette für PC		Schallplatte, CD		
Draht	Tonspule				Detektor für Flüssigchromatographie
Halbleiter-Trommel					Zwischenspeicher, Fotokopierer, Laserdrucker
……					

P1 = Analogiewert der gespeicherten Informationen
P2 = Träger

Bild 3.12 Morphologisches Tableau zur Anregung neuer Informationsspeicherungs-Technologien von SCHLICKSUPP, erweitert

Tableau keinen Vollständigkeitsanspruch. Im Tableau stehen sich in Vorspalte und Kopfzeile nicht Parameter und Ausprägungen, sondern Parameter P_1 und Parameter P_2 gegenüber. Dafür enthalten jetzt die Fächer die Ausprägungen. Bild 3.12 zeigt, wie gut das Morphologische Tableau geeignet ist, Lücken und Nischen zu entdecken, widersinnige Kombinationen auszusondern und bekannte Lösungen zu registrieren.

Attributive Listing

Auch diese Morphologische Methode von ROBERT P. CRAWFORD ist mit dem Morphologischen Kasten sehr eng verwandt. Wie beim Kasten wird der Gegenstand der Untersuchung in unabhängige Parameter (oder bescheidener: Merkmale) zerlegt. Zu diesen wird

Merkmal	Derzeitige Ausführung	Andere Gestaltungsmöglichkeit
Rahmenmaterial	Holz	Metall, Gummi, Kunststoff
Kufen	Eisenband	ohne Band, Rahmenmaterial
Bug	spitz, hart	rund, gepolstert
Sitze	keine	Schalen verschiebbar
Lenkung	Gleichgewichtsverlagerung, mit den Füßen im Schnee	Leine, die auch zum Ziehen dient, bewegt vorderen Teil der Kufen
Bremse	keine	Hebel hebt Schlitten hoch, so daß Kufen außer Zugriff; Schlitten steht auf vier Beinen; Bremse wie bei Fahrrad
Abstandshalter seitlich	keine	Gummiwulst, ausklappbare elastische Kelle
Warnvorrichtung	keine	Hupe, Lichtsignal, Flagge
Anhänger	keiner	Kupplungen für beliebig lange Schlittenzüge

Bild 3.13 Attributive Listing «Rodelschlitten»

dann die derzeit genutzte Ausprägung aufgeführt (Ist-Zustand der Ausführung). Dann sucht man andere Gestaltungsmöglichkeiten. Attributive Listing bietet sich an, wenn es schon ein Produkt, Verfahren... gibt. Daraus kann man durch *systematische Variation* Verbesserungen ableiten. Bild 3.13 zeigt dies für Rodelschlitten.

Funktionsanalyse

Diese Morphologie-Variante stellt zu erfüllende Funktionen (Was?) und denkbare Lösungen (Wie?) gegenüber, wie in Bild 3.14 für einen Staubsauger gezeigt.

Die Funktionen sind dabei nicht auf technische beschränkt, sondern können auch Management-Funktionen sein. Folgendes Beispiel nach Kline [23] verwendet dazu allerdings ein Morphologisches Tableau.

Problemelemente (was?) ↓	Lösungen (wie?) →				
Staub lösen	wischen	Wasserstrahl	Luftstrahl	statische Elektrizität	usw.
Staub entfernen	wegblasen	in Behälter schieben	ansaugen		
Staub sammeln	komprimieren	verpacken	statische Elektrizität	adsorbieren	
Staub vernichten	verteilen	verpacken	vermahlen	verbrennen	

Bild 3.14 Funktionsanalyse «Staubsauger»

Beispiel Funktionen und Produktklassen in der chemischen Industrie

Chemische Produkte lassen sich unterteilen in

- ☐ Commodities (Massenwaren, z.B. Benzin)
- ☐ Pseudocommodities (z.B. Dispersionen für Anstrichfarben)

☐ Feinchemikalien (z.B. Reagenzien für die Analytik)
☐ Spezialitäten (z.B. Trisallylisocyanurat, ein Vernetzer für Drahtlacke)

Je nach Betätigungsfeld ergeben sich unterschiedliche Anforderungen und Bedeutungen für die Funktionen

☐ Forschung und Entwicklung (F + E),
☐ Produktion,
☐ Marketing,
☐ Management,
☐ Finanzen.

Sich darüber klarzuwerden, ist für die eigene Standortbestimmung, für eine klare Zielstellung, eine Strategie, für Verhandlungen nützlich.

Die Produktklassen stellen folgende Hauptanforderungen an die Funktionen:

Produktklasse	Funktion		
	F + E	Produktion	Marketing
Commodities		×	
Pseudocommodities		×	×
Feinchemikalien		×	×
Spezialitäten	×		×

Im einzelnen haben die Funktionen die in den Bildern 3.15–3.19 gezeigte Bedeutung für die Produktklassen. Je nach Standort des Managers lassen sich daraus Konsequenzen für die tägliche Arbeit, für Problemlösungen und Entscheidungen ableiten.

Funktionselemente P_1 / Produktklasse P_2	Hauptaufgabe	Wichtiges Know-how	Kritische Faktoren	Technischer Service
Commodities	Prozeßentwicklung	großtechnische Synthesen	Rohstoffe, Technologie, Kosten	gering
Pseudocommodities	Prozeßentwicklung, Anwendungen	großtechnische Synthesen, Anwendungstechnologien, Sicherheit	Rohstoffe, Technologie, Kosten, Endverbraucher-Know-how	Neue Produkte: wichtig. Alte Produkte: weniger wichtig bis unbedeutend
Feinchemikalien	Synthese	Manufakturproduktion auf speziellen Gebieten	Reinheit, gleichförmige Qualität	weniger bedeutend
Spezialitäten	Anwendungen	Anwendungstechnologien, Formulierung, Endverbrauchertests, Sicherheit	Endverbraucher-Know-how, Feedback vom Verbraucher	wichtig

Bild 3.15 Funktion: Forschung, Entwicklung, Verfahrenstechnik

P₂ \ P₁	Produkte	Produkt-abstufungen	Produktions-menge	Anlagen	Ausrüstung	Rohstoffe	Planung
Commodities	wenige	kaum	hoch	groß zentralisiert für teure, regional für billige Produkte	kompliziert, single purpose	captive	langfristig, starr
Pseudocommodities	wenige	wenige	hoch	groß, zentralisiert	kompliziert, kaum Mehrzweck-anlagen	oft captive	mittelfristig, relativ starr
Feinchemikalien	viele	wenige	niedrig	klein bis mittel, meist zentralisiert	spezialisiert, single oder multipurpose	meist zugekauft	mittel- bis langfristig, relativ flexibel
Spezialitäten	viele	oft viele	niedrig	klein bis mittel, zentral für Grundprodukte, oft regional für Formulierungen	oft einfache, meist Mehrzweck-anlagen	meist zugekauft	kurzfristig, variabel

Bild 3.16 Funktion: Produktion

P_2 \ P_1	Märkte	Kunden	Produkte	Preise	Haupt-kontakt	Umsatz pro Verkäufer	Verkäufer-anreiz	Marktab-schätzung
Commodities	groß	wenig große, viele kleine	Basis-produkte für Kunden	wettbewerbs-orientiert, zyklisch schwankend	Einkauf	hoch, viele Reservats-kunden	gering	Markt-forschung
Pseudocommodities	groß	wenig große, viele kleine	Basis-produkte für Kunden	wettbewerbs-orientiert, zyklisch schwankend	Einkauf, Ingenieure, Chemiker	hoch, viele Reservats-kunden	gering bis mäßig	Markt-forschung, Werte der Folge-produkte
Feinchemikalien	klein	wenig mittlere und einige kleine	Basis-produkte für Kunden, auch Additive	wettbewerbs-orientiert	Einkauf, Ingenieure, Chemiker	niedrig	mittel	Direkt-verkauf
Spezialitäten	klein	viele kleine	Additive, Service-produkte	weniger vergleichbar, relativ stabil	Ingenieure und Chemiker	niedrig	oft hoch	Testmarkt, Direkt-verkauf

Bild 3.17 Funktion: Marketing

P_1 / P_2	Kapitalinvestition (in % des Jahres-umsatzes)	Marketingkosten (Allg. und Vertrieb in % des Umsatzes)	Verkaufspreise (x = Rohmaterial)	Handelsspanne (nach Steuern)	Rendite auf Stammkapital (nach Steuern)
Commodities	100 – 125 %	5 – 15 %	2- bis 5mal	variabel 5 – 15 %	variabel 8 – 25 %
Pseudocommodities	80 – 120 %	10 – 20 %	3- bis 5mal	variabel 5 – 15 %	variabel 8 – 25 %
Feinchemikalien	40 – 80 %	5 – 15 %	3- bis 8mal	variabel 4 – 12 %	variabel 10 – 20 %
Spezialitäten	25 – 50 %	20 – 50 %	4- bis 10mal	stabil 5 – 20 %	stabil 12 – 25 %

Bild 3.18 Funktion: Finanzierung

	Hauptinteresse	Typischer Hintergrund	Organisation und Kontrolle	Hauptaufgaben
Commodities	Produktion	Produktion	formell, starr	wirksame Steuerung von Produktion und Vertrieb zu niedrigsten Kosten, solides Kapitalinvestment
Pseudocommodities	Produktion und Marketing	Produktion oder Marketing	formell, etwas starr	wie oben + Innovationen in Produktion und Marketing
Feinchemikalien	Produktion, Rohstoffquellen	Produktion oder Forschung/ Entwicklung	relativ informell	Sicherung größter Reinheit und Gleichförmigkeit der Produkte bei niedrigsten Kosten
Spezialitäten	Weiterverfolgung der Produkte bei Kunden, Technologie und Bedürfnisse der Kunden	Marketing oder Forschung/ Entwicklung	informell, flexibel	Früherkennung von Marktbedürfnissen und Geschäftsmöglichkeiten, schnelle Reaktion darauf, Sicherung guter Zusammenarbeit zwischen Marketing, F + E, Produktion. Überwachung des Vertriebs

Bild 3.19 Funktion: Management

Die Kombination von Bewertungsverfahren und Morphologischem Kasten führt zur Methode Sequentielle Morphologie. Sie ist ausführlich in [2 und 3] beschrieben. Die Sequentielle Morphologie hilft Probleme zu lösen, ist aber zugleich ein Entscheidungsverfahren.

Eine epochale Weiterentwicklung verdanken wir H. Schlicksupp und R. Fahle. Sie haben den Morphologischen Kasten mit dem Computer kombiniert. MORPHOS, bestehend aus Methodenhandbuch, Bedienerhandbuch und PC-Software [20], ist eine zeitgemäße Erweiterung der ohnehin großen Möglichkeiten, die die Morphologie bietet. Der Computer bringt mit seinen Speichermöglichkeiten, mit seiner Strukturierung und seiner Schnelligkeit im Suchen, Vergleichen, Kopieren, Versetzen und Ausdrucken ungeahnte Vorteile. Man kann z.B. Parameter und Ausprägungen als Erfahrungen speichern, auch sehr komplexe Matrizen (z.B. Bild 3.11) leicht bearbeiten usw.

Die Einbeziehung des Computers lag nahe, könnte man nachträglich sagen. Aber tatsächlich nur nachträglich – wie bei vielen wichtigen Entdeckungen und Erfindungen. Ich halte MORPHOS für bedeutend und folgenreich. Vielleicht sollte dieses Kapitel besser «Von Lullus' Mühle über Zwickys Kasten zu MORPHOS am PC» heißen.

Vorteile der morphologischen Methoden

Die morphologischen Methoden eignen sich als Problemlösetechniken sehr gut bei Kombinationsproblemen. Voraussetzung ist, daß

- ☐ das Problem eindeutig definiert ist,
- ☐ die Elemente voneinander unabhängig sind,
- ☐ man die denkbaren Lösungsvorschläge erst einmal kritiklos aufschreibt.

Die Methode steht der herkömmlichen Denkweise nahe. Sie ist deshalb einleuchtend und sofort praktikabel. Mit ihrer Hilfe kann man in kurzer Zeit auch eine Reihe von Problemen alleine lösen. Selbst ein ziemlich unvollständiger Morphologischer Kasten ist nicht selten eine erstaunliche Hilfe für die tägliche Praxis.

Schließlich kann der Morphologische Kasten auch dazu dienen,

- □ sich den vollen Umfang eines Problems klarzumachen (gegen Einseitigkeit) oder
- □ bei einer Fülle von Lösungswegen Prioritäten zu setzen (gegen Verzettelung).

Allein die Systematik ist ein hervorragender Schutz für den Anwender des Morphologischen Kastens, da ihm Einseitigkeit oder Verzettelung nicht vorgeworfen werden können. Im Gegenteil: Die Systematik beeindruckt Vorgesetzte, gibt ihnen Anregungen, wie sie selbst weiter anregen können, spart ihnen Zeit durch den tabellarischen Überblick und hilft entscheiden.

Kapitel 4

PROBLEMFINDEN IST SCHWIERIGER ALS PROBLEMLÖSEN

Probleme

Was ein Problem ist, das wurde in Kapitel 1 bereits erläutert. Wir wollten unter Problem z.B. eine Abweichung zwischen Ist- und Sollzustand verstehen. Haben wir Probleme?

Sind unsere Produkte einmalig und von hervorragender Qualität?

Sind unsere Preise verlockend niedrig und dennoch mit hoher Gewinnspanne behaftet?

Sind unsere Verkäufer und Anwendungstechniker charismatische Persönlichkeiten, die sich vor der Gunst der glücklichen Kunden und der Firmenleitung kaum retten können?

Wir haben Probleme, und das ist keine Schande, sondern immer eine Chance:

- ☐ Die fortschreitende Technologie zwingt zu neuen, verbesserten Problemlösungen und damit zu neuen, verbesserten Produkten und Dienstleistungen.
- ☐ Dem Markt müssen mehr und schneller als bisher neue Produkte angeboten werden.
- ☐ Der Markt verlangt Produkte mit höherem wirtschaftlichen und funktionellen Nutzen.
- ☐ Unternehmen werden nur dann noch überleben, wenn sie die Fähigkeit zur ständigen Innovation in sich bergen.
- ☐ Die zunehmende Konkurrenz erfordert Rationalisierung, Globalisierung und Unternehmenswachstum.
- ☐ Immer größer werdende Unternehmen müssen ihre Mitarbeiter anders motivieren, damit sie stimmig handeln können.

Was tun wir nun in der täglichen Praxis? Die tüchtigen Mitarbeiter erfüllen erfolgreich ihre Aufgaben, fällen Entscheidungen, und wenn ein Problem auftaucht, wird es definiert und dann gelöst.

Können die Mitarbeiter samt Führung das Problem nicht alleine lösen, gibt es Helfer von außen, z.B. die sogenannten Consultants, Problemlöseprofis.

Wenn das Problem gelöst ist, ist wieder alles im Lot, und es kann ruhig weitergehen.

Man sollte also meinen, die Kombination von effizienten Entscheidern und Problemlösern sichere ein gesundes, wachsendes Geschäft. Das gilt sicher in Zeiten mit hohen Wachstumsraten.

Gilt das auch heute? Vielleicht nicht mehr so uneingeschränkt. Es scheint nützlich, Probleme noch einmal zu unterteilen, nämlich in latente mit offenem Ende und sichtbare mit bekanntem Ziel (Bild 4.1).

Lösungen sichtbarer Probleme sind nicht immer leicht, aber sie ähneln einer Fahrt zu einem bekannten Ziel. (Vielleicht nicht gerade nach Fahrplan, 1. Klasse, auf Schienen, aber immerhin.)

Wenn es brennt, muß gelöscht werden. Wenn es ein Leck gibt, muß es gestopft werden. Sobald das Feuer gelöscht, das Leck gestopft oder die Rechenaufgabe gelöst ist, ist das Problem gelöst und damit verschwunden. Es kommt Freude auf, die Arbeiten am Problem werden eingestellt.

Ganz anders steht es mit den latenten Problemen: Da gibt es ein unbestimmtes Bedürfnis, ein Produkt oder eine Situation zu verbessern. Da muß erst einmal der Ort der Unbehaglichkeit eingegrenzt werden. Das latente Problem trompetet seine Gegenwart nicht so laut heraus wie ein Feuer oder ein Leck, sondern es muß erst gefunden werden (etwa wie die schwarze Katze im dunklen Zimmer).

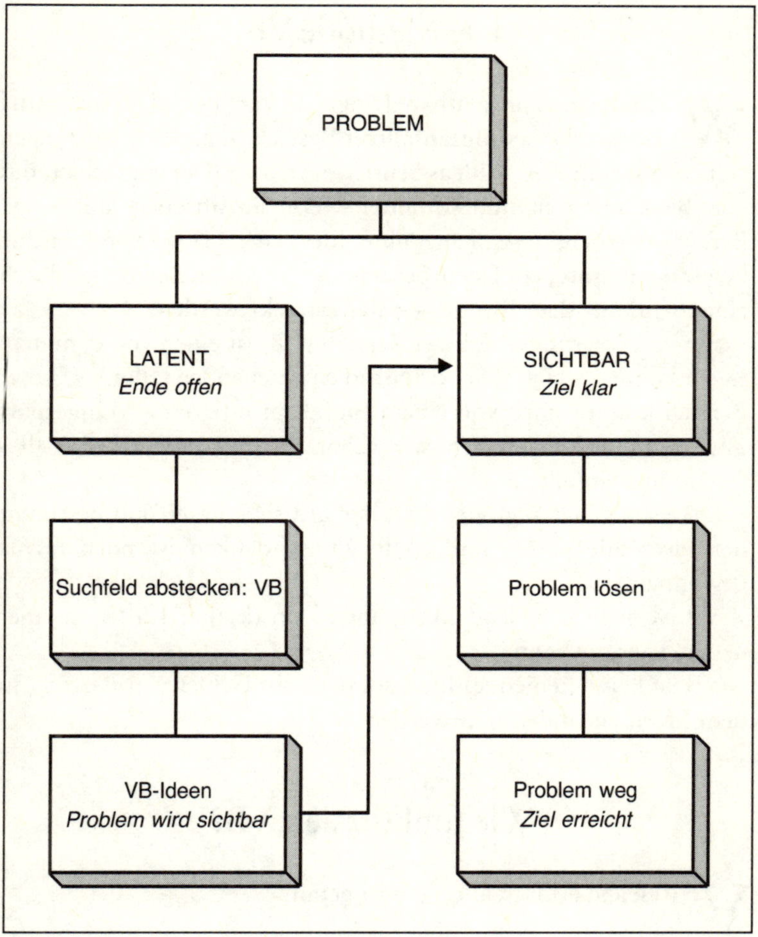

Bild 4.1 Problemfinden – Problemlösen

Die Methode VB

Wie findet man unsichtbare Dinge? Dazu gibt es das Hilfsmittel VB = verbesserungsanfälliger Bereich (man kann auch nach DE BONO sagen: ISA = Ideas Sensitive Area). VB ist ein Gebiet, das den Beobachter in unbestimmter Weise unzufrieden läßt – ein Bereich, in dem irgendeine gute Idee eine große Veränderung bewirken könnte; ein Dornröschenschloß, dessen Bewohner durch einen Kuß aus dem Routine-Schlaf erweckt werden.

Ein verbesserungsanfälliger Bereich (VB) ist einer, von dem man sagen könnte: «Hier wäre dringend eine neue Idee fällig.» «Dieser Bereich könnte stark von einem Einfall profitieren.» «Eingespart und umorganisiert haben wir schon. Irgend etwas Originelles müßte uns einfallen.»

Spätestens hier sagt vielleicht der kritische Leser und bestimmt der Ideenkiller: «Na und? Mit Wunschdenken ist noch nichts gewonnen.»

VB ist nicht Wunschdenken, auch kein (k)alter Kaffee in einer neuen Thermoskanne.

VB ist keine (fehlende) Idee, sondern ein Gebiet, ein *Bereich*, in dem Ideen zu finden sein werden.

Wie funktioniert VB?

VB ist leicht erklärt, aber schwer getan.

1. Zuerst wird der verbesserungsanfällige Bereich abgesteckt (Bild 4.2a). Das kann auch ein Bereich sein, der eigentlich gar keinen Problembereich darstellt. Indem wir einen Bereich absichtlich so nennen, wird er dazu. Ernennungen und Beförderungen motivieren auch hier!
2. Dann folgt die kreative Anstrengung (Bild 4.2b): Wir nennen das absichtlich kreativ, denn indem wir so tun, werden wir automatisch kreativer. Wie wir uns für den Opernbesuch hübsch machen, bereiten wir uns jetzt darauf vor, gleich viele große Ideen zu haben.

Wunschvorstellungen werden im *richtigen Verallgemeinerungsgrad* genannt.

Zu spezielle Vorschläge sind schon Lösungen und engen die Vorstellungskraft ein. Der Denker bleibt passiv.

Zu allgemeine Konzepte geben keinen Denkanreiz, der Denker fühlt sich nicht angesprochen und bleibt untätig.

Konzepte in der *richtigen mittleren* Verallgemeinerung aber lassen das Eis schmelzen. Die Ideen fließen – so, als ob sie nur darauf gewartet hätten, ausbrechen zu dürfen (Bild 4.3).

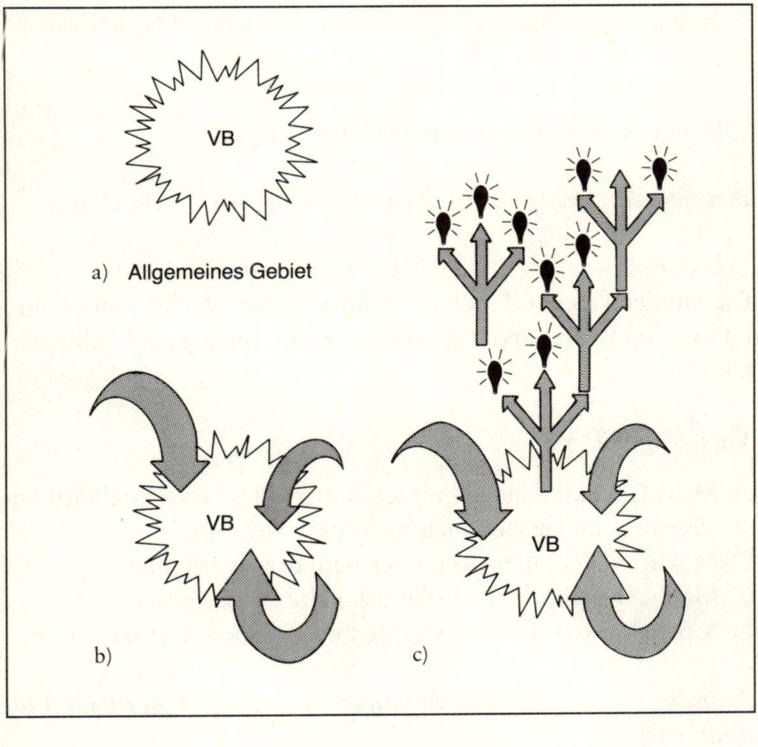

Bild 4.2 Methode VB
a) VB definieren
b) Kreatives Anstechen in mittlerer Tiefe
c) Ideen sprießen

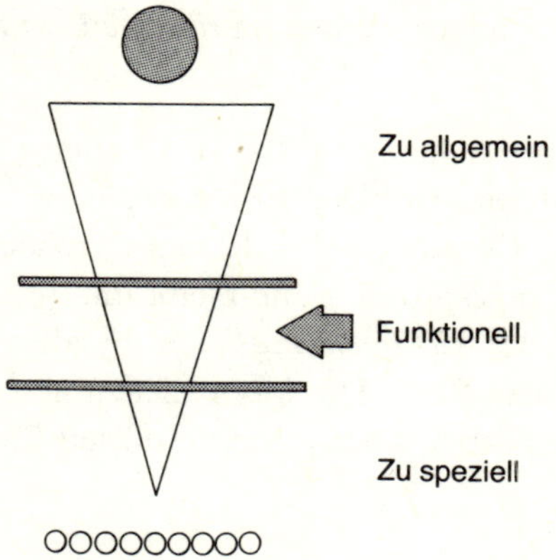

Bild 4.3 Die richtige Eindringtiefe in den verbesserungsanfälligen Bereich

Damit es nicht zu trocken wird, ein Beispiel.

Beispiel: Wartezeiten auf Laborplätze an (Fach-)Hochschulen

Erläuterung
Die Studiendauer verlängert sich für viele Studenten, weil sie ihre Labor- und Technikumspraktika nicht plangemäß ableisten können.

Vorschläge für VBs

- ☐ Mehr Geld muß her, damit kann man alles bewerkstelligen (zu allgemein und sicher auch nicht ganz richtig).
- ☐ Möglichkeiten, die Anzahl der Betreuer zu erhöhen.
- ☐ Möglichkeiten, die Praktikumsinhalte zu verändern.
- ☐ Möglichkeiten, Räume, Geräte und Zeit besser auszunutzen.

Abstecken eines VBs und kreatives Anstechen in mittlerer Eindringtiefe
Wir definieren den letzten Vorschlag «Möglichkeiten, Räume, Geräte und Zeit besser auszunutzen» und kommen z.B. auf folgende etwas speziellere Ideen:

1. Möglichkeiten, die Öffnungszeiten zu ändern
2. Möglichkeiten von Mehrfachbelegungen
3. Möglichkeiten, die Geräte besser zu nutzen

Ideen sprießen weiter
Zu 1. Öffnungszeiten:
3-Schicht-Betrieb, Nachtschicht, durchgehend

Zu 2. Mehrfachbelegungen:
Mehr Studenten pro Versuch, mehr Versuche pro Tag, mehrere Versuche gleichzeitig, Wartezeiten bei Versuch für Vorbereitung neuer Versuche nutzen, Engpässe beseitigen: z.B. schwierige Versuche mehrfach aufbauen, Stand-by-System: bei Ausfällen sofortiges Nachrücken des Nächsten, Stafette

Zu 3. Geräte besser nutzen:
Gerätezustand verbessern

- ☐ neue Geräte
- ☐ Schenkung
- ☐ Leihgaben
- ☐ Mittel besorgen
- ☐ rechtzeitig beantragen
- ☐ Abschreibungen/Rücklagen
- ☐ Geräte besser pflegen
- ☐ regelmäßige Inspektion
- ☐ Studenten übernehmen Partnerschaft, «persönliche Pflege»
- ☐ Bonus-Malus-System für gute/schlechte Benutzer

Nächste Ebene; Realisierung der Ideen/Problemlösung
Brauchbare Ideen können nun weiterverfolgt und immer spezieller werden, bis man Maßnahmen beschließt und ein Problem löst.

VB und der Ärger des Neandertalers

Wer bisher von VB noch nicht überzeugt ist, könnte sagen: «Ich habe Probleme genug und werde mich hüten, noch zusätzliche finden zu wollen» oder «Wer keine Sorgen hat, der macht sich welche».

Der zweite Einwand hat etwas für sich. Aus der Beobachtung unserer Umwelt könnten wir schließen, daß jede Person eine bestimmte Menge Ärger braucht und daß sie bei mangelnden großen Problemen sich selbst kleinere sucht.

Etwa: «Die Summe des Ärgers pro Person bleibt konstant» oder «Exogener Ärger + endogener Ärger = 100 %».

Wir wundern uns ja oft genug über die Empfindlichkeit von Kollegen und Nachbarn. Die «Überempfindlichen» könnten danach Mitmenschen sein, die eigentlich glücklich sein müßten, weil sie keine größeren Probleme haben. Seit Neandertal sind wir so angelegt, ruhige Zeiten ohne ernstere Bedrohung zur Optimierung zu nutzen.

Die Sammler-und-Jäger-Gruppe, die dann verbesserungsanfällige Bereiche aufspürt, also VB zum Problemfinden und -lösen einsetzte, hatte im darwinschen Sinne einen Vorteil im Kampf ums Dasein. VB ist also uralt, steckt in uns und ist wichtig. Wichtiges öfter zu tun, hält uns nur das Dringende ab. Problemlösen ist dringend, Problemfinden ist wichtig. Wer Dringendes tut, reagiert; wer Wichtiges tut, agiert. Legen Sie sich (als Individuum und/oder Firma) einen Vorrat an VBs an – zur gelegentlichen Betrachtung in einer ruhigen halben Stunde.

VB und das Betriebliche Vorschlagswesen

Die meisten Firmen haben einen Kasten für Verbesserungsvorschläge, um Ideen zu sammeln oder um zunächst nur zu demonstrieren, daß neue Ideen erwünscht sind. In einigen Firmen funktioniert das, in anderen weniger gut. Wenn es nicht funktioniert, liegt es möglicherweise an folgendem:

Die meisten Mitarbeiter haben zu viel Respekt vor den Anforderungen, fürchten sich vor der Prüfung ihrer Idee oder davor, daß die Idee doch nicht genutzt werden wird.

Die *Anforderungen* erscheinen so hoch, weil für das Betriebliche Vorschlagswesen verständlicherweise (gutgläubig aber abschrekkend) mit den spektakulärsten Einzelfällen geworben wird. (Ein Tropfen weniger Lötflüssigkeit pro Lötung brachte 100 000 DM Einsparung; eine neue Art Filter reduziert die Stillstandszeiten um 80 %). So hat der Ideenbriefkasten das Etikett: «Nur einmalige und großartige Ideen bitte!» Die meisten Mitarbeiter glauben nicht, daß sie solche Ideen haben und daß der Briefkasten deshalb nicht für sie, sondern für eine Elite da ist. So geben sie sich nicht einmal Mühe, nach neuen Ideen zu suchen und haben deshalb wirklich keine.

Die *Furcht vor Prüfung* besteht immer dann, wenn der Mitarbeiter eine allgemeine Idee äußert, nur eine vage Vorstellung ihrer Ausführbarkeit besitzt und sich deshalb der wirtschaftliche Nutzen schwer abschätzen läßt. Das dürfte kein Abschreckungsgrund sein, denn bei gutwilliger Prüfung findet sich entweder durch Befragen von Kollegen sofort ein Realisierungsweg, oder die Idee wird als offizielles Projekt weiterentwickelt.

Allerdings gibt es auch Ideen, die trotz allen Wohlwollens abgelehnt werden müssen. Wenn die Ablehnung dieses Wohlwollen widerspiegelt und mit einem kleinen Trostpreis verbunden ist, wirkt sie motivierend. Schließlich hat der Mitarbeiter ja nichts Böses getan, sondern ist einem Wunsch der Firma nachgekommen. Ob eine *Idee genutzt* wird oder nicht, muß der Firma vorbehalten bleiben. Im Überschwang kreativen Ideenreichtums und trotz der Existenz von Ideenkillern darf nicht vergessen werden, daß alle Ideen der Erfüllung der Firmenziele dienen sollten und nicht umgekehrt. Andererseits muß die Firma die ihr in Form von Ideen entgegengebrachte Verbundenheit aufmerksam registrieren und schnell beantworten. Die Psychologie lehrt, daß Verhalten verstärkt wird, wenn es schnell belohnt wird. Die Belohnung muß nicht groß sein. Die meisten kreativen Menschen wollen nur Anerkennung – aber sofort. Wenn die Prüfgremien nach drei Monaten mit einem ersten Zwischenbescheid antworten, ist die Wirkung minimal positiv bis ziemlich negativ. Man könnte auch neben dem oder statt des Ideenlieferanten die Gruppe belohnen. Das würde die Gruppenmitglieder zu eigenen Leistungen anspornen, den Status des Kreativen erhöhen, Neid verringern und den Gruppenzusammenhang stärken. Das hohe Firmeninteresse an Ideen ließe sich auch durch ein «rotes Telefon» darstellen. Hinter einer besonders einprägsamen Nummer dieses Telefons verbirgt sich ein Anrufbeantworter, der von 0 bis 24 Uhr aufnimmt und einmal am Tag ausgewertet wird. Eine gewisse Abwertung des Ideenbriefkastens («Auch ganz kleine Ideen sind willkommen») und die Überwindung der Schreibbarriere (durch das rote Telefon) bedeuten am Ende eine Aufwertung. Aus folgenden Gründen:

- ☐ Die wenigen großen Ideen kommen ungehindert an.
- ☐ Es kommen viel mehr Ideen.
- ☐ Einige kleine Ideen entpuppen sich als große.
- ☐ Viele kleine Ideen sind eigentlich Klagen und Beschwerden. Sie zeigen die *verbesserungsanfälligen Bereiche* an, in denen Ideen etwas bewirken sollten.

Damit das Ideensammeln nicht alltäglich und schließlich vergessen wird, sollte es nur einmal jährlich eine richtige Kampagne geben, zu der unüberhörbar aufgerufen wird – wie zu einem Sportfest, also einem Denksportfest. Solche Ideenfestivals könnten auch jährlich unter einem neuen Motto stehen, z.B.

- ☐ Kosteneinsparung,
- ☐ Produktverbesserung,
- ☐ Arbeitsplatzgestaltung,
- ☐ verbesserte Sicherheit,
- ☐ Umweltschutz oder
- ☐ ein anderer verbesserungsanfälliger Bereich (VB).

Wir sollten uns mit den großen Problemen beschäftigen, solange sie noch ganz klein sind. (Jadwiga Rutkowska)

Kapitel 5

PROBLEMLÖSEN HEISST: SICH VOM PROBLEM LÖSEN

Ein Problem zu lösen heißt: sich vom Problem zu lösen.
JOHANN WOLFGANG VON GOETHE

Kleine Übung zur Kreativität

Kreative Menschen verfügen über hohe Flüssigkeit, Beweglichkeit und Originalität des Denkens. Jeden dieser drei Bestandteile kreativen Denkens kann man üben (Bild 5.1). Das wird aber kaum jemand tun, nicht einmal in der Kombination von Wißbegier und Langeweile. Geübt wird nur anläßlich eines Problems, bei Handlungsbedarf und gleichzeitiger Motivation.

Ein kleines Problem zum Üben ist in Bild 5.2 gezeigt. Bitte versuchen Sie, die Logik zu erkennen, die in den Zeichenfolgen steckt, und setzen die Folgen richtig fort (zunächst die linke Folge 5.2a).

Falls Sie nicht erfolgreich waren, teilen Sie bitte in der linken Folge die Zeichen durch einen senkrechten Strich und betrachten nur noch die rechte Hälfte. Nun haben Sie unschwer die Zahlen von eins bis fünf erkannt und können die Folge mit zwei Sechsen, die mit dem Rücken zueinander stehen, fortsetzen. 10 wird so OMO.

Wie sieht es mit der Folge 5.2b) aus? Vielleicht suchen Sie nach Symmetrieeigenschaften, vergleichen den Abstand zwischen E und Z im Alphabet mit dem von D und V. Vielleicht fragen Sie sich aber auch, ob die beiden Folgen etwas miteinander zu tun haben. Schließlich gehören sie zu *einer* Abbildung. Das wäre richtig. Von dieser Annahme bis zur nächsten, daß die zweite Folge auch etwas mit den Ziffern von eins bis fünf zu tun hat, ist es ein großer Schritt.

1. **Flüssigkeit**

1.1 *Ideenflüssigkeit*
Gegenstände weiß und eßbar
(eßbares Verpackungsmaterial, eßbares Waschpulver)

1.2 *Assoziationsflüssigkeit*
Freizeit – Gesundheit
(fahrbare Trimm-dich-Anlage, schwimmende Anlage, geistige und körperliche Fähigkeiten zu trainieren)

1.3 *Ausdrucksflüssigkeit*
E I D F R P
Erfolg ist die Funktion richtiger Psychologie. Ernst ist der Finder rarer Praktiken. Erich, Ina, Dieter finden Rudi prima.

2. **Beweglichkeit**

2.1 *Spontanbeweglichkeit*
Wie läßt sich ein Bleistift noch verwenden?
(Löcher bohren, Lackhärte prüfen, Graphitpulver herstellen für Türschmierung, Schränke rollen, hohle Bleistifte als Bombe)

2.2 *Anpassungsbeweglichkeit*
Was wäre, wenn eine Pille erfunden würde, die das Essen unnötig macht?
(Zeit sparen, Zahnbildung verändert, Grundstückspreise fallen wegen fehlender Landwirtschaft, keine Transportprobleme, Besteckfabriken gehen ein, Apotheken werden reich)

3. **Originalität des Denkens**

3.1 *Synthetische Originalität*
(Ausgefallene Überschriften zu gegebener Kurzgeschichte, zu Foto; wie könnte Bier noch verpackt werden? Wie könnte man Butter noch nennen? Wie könnte man einen Rasenmäher noch nennen, gestalten, aufbewahren?)

3.2 *Analytische Originalität*
(Geschichte zu gegebener Überschrift finden, Geschichte zu Ende spinnen)

Bild 5.1 Übungen zum kreativen Denken (nach Prof. CORELL, Gießen)

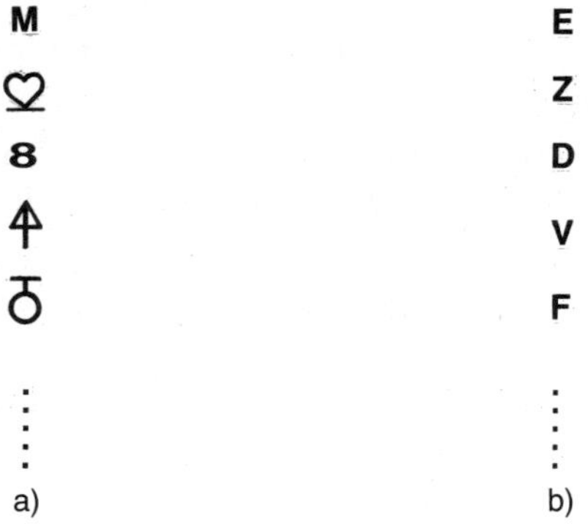

Bild 5.2 Bitte setzen Sie die Folge fort

Schließlich muß noch erkannt werden, daß die Buchstaben E bis F die Anfangsbuchstaben der Zahlwörter Eins bis Fünf sind. Die Folge 5.2 b) ist also mit S für Sechs fortzusetzen.

Die erste Folge nicht entschlüsselt zu haben, läßt sich gut entschuldigen. Aber es ist doch zu ärgerlich, daß wir nach dieser Vorübung den Assoziationssprung zur zweiten Folge nicht geschafft haben. Wir sind Opfer einer Ideenblockade geworden. Wie kann das sein? Kann man nichts dagegen tun?

Wie gewinnt man neue Einsichten?

Eine Möglichkeit, *neue* Einsichten zu gewinnen, ist Unwissen. Das klingt absurd, aber es ist so, weil unbefangenes, unschuldiges, von Vorwissen und Vorurteilen unbelastetes Vorgehen eine hohe Chance hat, auf einem *neuen Weg* zum Ziel zu gelangen. Erfahrung und Routine führen auf sicheren Wegen zum Ziel, aber nur, wenn der Weg schon öfter begangen wurde.

Wenn wir neue Wege gehen wollen, sollten wir also in gewisser Weise unwissend sein. Das sind wir aber nicht mit unserem Halbwissen. Unwissen ist eine zarte Blume, die bei der leisesten Berührung mit Wissen zerbricht (G. B. Shaw). Deshalb können wir Unwissen nur simulieren, indem wir zeitweise die eigene Kennerschaft auflösen, indem wir Erfahrung und Routine entrinnen.

Dieses Entrinnen kann zu einem Aha-Effekt führen. Von einem neuen Standpunkt aus sehen wir das Ziel plötzlich in einem anderen Zusammenhang. Im Besitz der Einsicht können wir sogar wieder auf den Weg der Routine zurückkehren und auf diesem bequem das Ziel erreichen.

Diese Zusammenhänge sind in Bild 5.3 dargestellt.

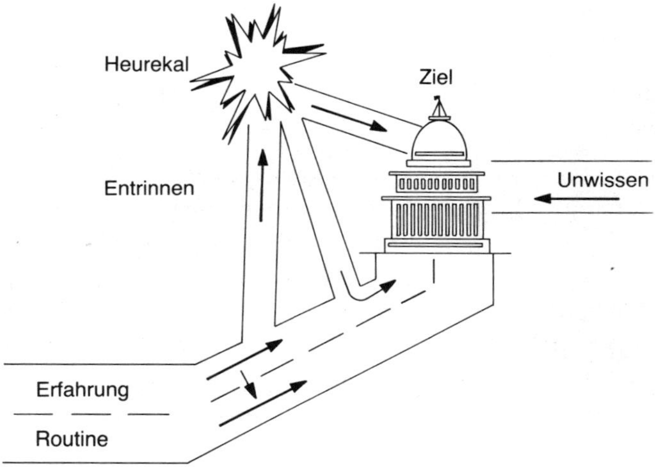

Bild 5.3 Gewinnen neuer Einsichten durch Entrinnen

Entrinnen

Wie kann man Unwissen simulieren, der eigenen Kennerschaft kurzzeitig entrinnen, Unbefangenheit herstellen, innere Kritik dämpfen? Indem man sich vom Problem löst (Bild 5.4).

Problemlösen erfolgt fast immer in drei Stationen:

1. Zuerst nähert man sich angestrengt dem Problem durch Definition, Analyse, Informationssammlung und Konzentration auf die Suche nach Lösungen.

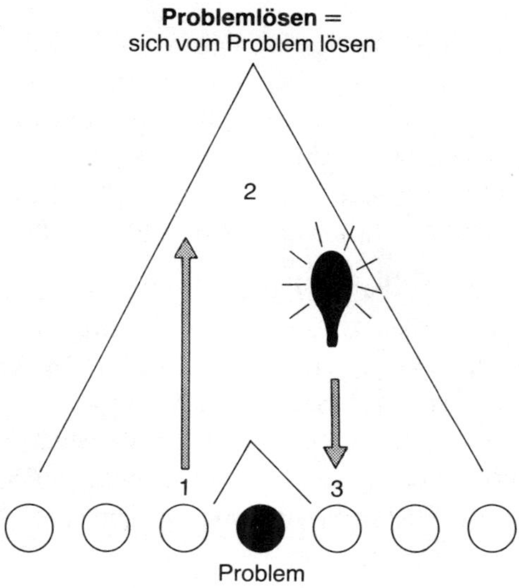

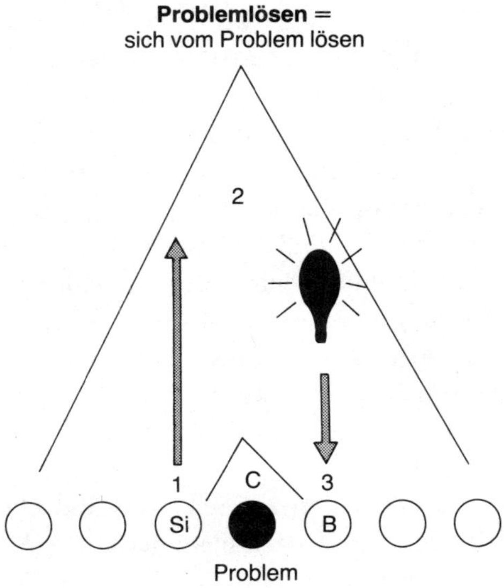

Bild 5.4 Problemlösen = sich vom Problem lösen
1 Problemlöseversuch durch Annäherung (Definition, Analyse, Informationssammlung, Konzentration)
2 Entfremdung (Suchraum erweitern)
3 Wiederannäherung an das Problem (Force fit)

2. Wenn keine Lösungen gefunden wurden oder die spontan gefundenen nicht befriedigen, entfernt man sich vom Problem. Der Suchraum wird erweitert. Hierzu kann man zusätzliche Informationen, Findetechniken, Heurismen einsetzen.
3. Schließlich nähert man sich von neuer Warte aus wieder dem Problem, hoffentlich mit dem Ruf «Heureka».

Uns interessiert hier die Station 2. Man kann das Sich-lösen vom Problem, das Entrinnen z.B. durch *Provokation*, das Infragestellen des Selbstverständlichen, erreichen (siehe nächsten Abschnitt mit je einem Beispiel aus den Bereichen Auto und Chemie).

Eine andere Möglichkeit ist die Suchfelderweiterung, z.B. durch *Random entry* oder die *Reizworttechnik*, auch Warenhaus-Methode genannt (siehe übernächsten Abschnitt mit einem Beispiel Verkehrssicherheit).

Provokation – das Infragestellen des Selbstverständlichen

Diese Art von Provokation ist nicht leicht zu bewirken, denn wir sind uns aus vernünftigen und praktischen Gründen nicht dessen bewußt, was wir alles für selbstverständlich annehmen.

Frisch erfüllte Wünsche sind die Basis für neue Begehrlichkeiten. Frisch in eine höhere Würde Beförderte halten den neuen Standort ebenso schnell für selbstverständlich wie frisch mit der Bahn Beförderte den neuen Aufenthaltsort. Während wir uns aber von neuer Selbstverständlichkeit noch an ältere erinnern, fällt es uns sehr schwer, auf ganz alte oder einfach übernommene zurückzugehen.

Wenn man aber einmal etwas Selbstverständliches formuliert, dann bietet das Infragestellen fast immer einen Ansatz für eine Neuerung.

Beispiel: Lenkrad

Zur Veranschaulichung zunächst ein einfaches Beispiel mit dem Lenkrad eines Autos:

Was ist selbstverständlich bei einem Lenkrad?

- ☐ Ein Lenkrad ist rund.
  (Ein Steuerknüppel nicht. Vielleicht wäre auch ein Oval, Dreieck, 16eck in irgendeiner Hinsicht interessant.)
- ☐ Ein Lenkrad ist drehbar, aber nicht höhenverstellbar.
  (Es gibt indessen schon Autos mit höhenverstellbaren Lenkrädern. Aus reiner Provokation könnte man sich auch denken, daß das Lenkrad über die Höhenverstellung lenkt, aber nicht drehbar ist.)
- ☐ Ein Lenkrad gibt es nur für den Fahrer.
  (Das muß nicht sein. Man könnte auch die Kindersitze im Fond mit – allerdings nicht lenkenden – Lenkrädern ausstatten: zum Spielen und Festhalten.)
- ☐ Das Lenkrad läßt sich nicht von einem Sitz zum anderen umstecken.
  (Warum eigentlich nicht? Bei der Straßenbahn kann man auch die Kurbel vom vorderen Wagen zum hinteren umstecken, um Wenden zu vermeiden. Mit umsteckbarem Lenkrad würden Geländefahrzeuge und Schwerlaster mobiler.)

Beispiel: Arzneimittel auf Basis Bor

Auf traditionellen Forschungsgebieten sind naturgemäß wenig weiße Flecken übrig. Sie sind auch schwer zu erkennen, weil der Zugang durch ein Gestrüpp von Patenten und Publikationen verdeckt ist. Richtiger Schwung kommt immer dann auf, nachdem ein großer weißer Fleck (eine neue Substanzklasse, eine neue Untersuchungsmethode, eine neue Krankheit...) entdeckt wurde.

Wenn große weiße Flecken also schwer zu finden, aber erwünscht sind, warum soll man sie sich nicht selbst erzeugen? Nach dem Motto: «Problemlösen = sich vom Problem lösen» kann man sich Selbstverständliches (und Hemmendes) bewußt machen und dann verlassen. Selbstverständlich ist, daß die meisten Arzneimittel aus der Kohlenstoff-Chemie stammen und daß in diesem Bereich intensiv geforscht wird.

Nun ist nur noch die Provokation nötig: das Verlassen der C-Chemie (Bild 5.4 a). Als Ersatz bieten sich die Silizium-Chemie und die Bor-Chemie an. Den zweiten Schritt hat die Firma Boron Chemicals Inc. getan – anscheinend mit interessantem Erfolg [24].

Glycin ist die einfachste α-Aminosäure. Wenn man das α-C-Atom durch B ersetzt, erhält man das Bor-Analoge des Glycins.

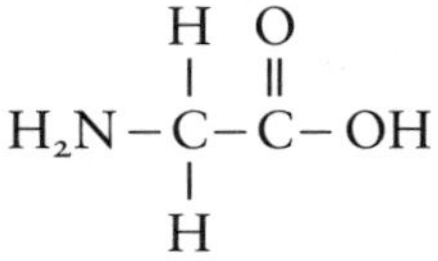

Glycin

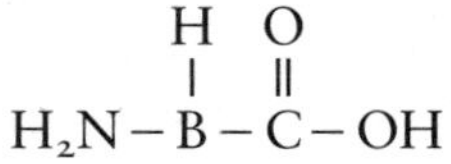

Bor-Analoges von Glycin

Eigentlich hatte man sich bei der Krebsbehandlung vom Bor-Analogen eine höhere Neutronen-Einfangsdichte erhofft und damit einen Kandidaten für die Neutron capture therapy (NCT). Diese Hoffnung trog, aber im Standard-Tumortest bei Mäusen zeigte das Bor-Analoge eine Antitumor-Aktivität.

Ausgehend von diesem unerwarteten Erfolg fand man noch viele andere Bor-Analoga mit entzündungshemmender, antiarthritischer, analgetischer Wirkung. Der Methylester des Bor-Analogen des Betains

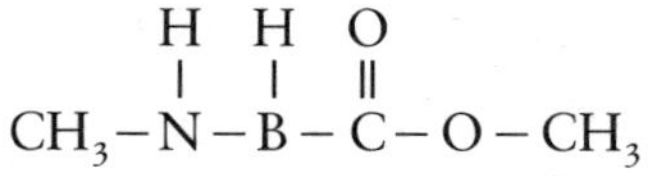

erwies sich bei der Senkung des Cholesterinspiegels angeblich wirksamer als die bekannten C-Arzneimittel Clofibrate oder Lovastatin.

Random entry/Reizworttechnik/ Warenhaus-Methode

Bei der etwas beengten Warenhaus-Methode macht man einen gedanklichen oder wirklichen Spaziergang zwischen Waren aller Art und versucht, Eigenheiten dieser Waren mit dem Problem in Beziehung zu setzen.

Die Reizworttechnik benutzt ein Lexikon und zwei Zufallszahlen. Die erste Zahl bestimmt die im Lexikon aufzuschlagende Seite, die zweite das auf dieser Seite zu benutzende Wort. Das so gefundene Zufallswort *muß* benutzt werden. Es wäre ganz und gar gegen diese Methode, wollte man ein «nicht gut passendes» Wort übergehen und dafür das nächste oder übernächste benutzen. Wir wollen doch gerade entrinnen und nicht etwa Wörter so zurechtbiegen, daß wir bei Erfahrung und Routine bleiben können. Entrinnen bedeutet nicht ungezügelte Freiheit, Chaos oder Anarchie. Wenn wir es mit einem Gefängnis-Ausbruch vergleichen, wird es vielleicht klarer. Ein Ausbruch verlangt genaue Planung und disziplinierte Ausführung. Herumspringen auf dem Gefängnishof unter gleichzeitigem Ausrufen von «Ich will raus» führt eher früher wieder hinein. Strenge Disziplin bei der Einhaltung der Regeln ist auch zum Überlisten der Selbstzensur notwendig. Nur weil wir uns die Aufgabe gestellt haben, die Reizworttechnik anzuwenden, versuchen wir ernsthaft und gewissenhaft, Beziehungen zwischen unserem Problem und irgendwelchen völlig abwegigen Begriffen herzustellen. Sobald Zweifel an der Festigkeit der Regeln aufkommen, gerät auch die Seriosität ins Wanken. Wenn die Reizworttechnik als albernes Spiel empfunden wird, ist die Brauchbarkeit der Methode selbst in Gefahr.

Beispiel: Sicherheit für Radfahrer

Unser *Problem* soll heißen: Mehr Sicherheit für Radfahrer im Straßenverkehr; wie kann der Radfahrer sich besser schützen, wie kann er besser geschützt werden?

Spontan fällt uns dazu ein:

1. Schon verwirklicht:
Abstandshalter; Rückspiegel; getrennte Radwege; auffällige Schutzkleidung; Helm; öffentliches Lob für Kavalier der Straße.

2. Teilweise verwirklicht:
Autoverkehr behindern; gleichzeitig Werbung für Radfahren.

Nun nennen wir zwei Zahlen für ein *Reizwort*: 1770 und 5. Seite 1770/5. Wort bedeutet im Duden-Lexikon: «Photographische Apparate».

Was kann man einem Fotoapparat zum Schutz von Radfahrern abgucken? Welche Bestandteile, welche Funktionen, welche Formen lassen sich assoziativ verwenden (Tabelle 5.1)?

Wir lassen den Begriff «Fotoapparat» auf uns einwirken und fangen «Witterung» ein, indem wir am Fotoapparat von allen Seiten herumschnuppern.

Fotoapparat F	Radfahrer R
F fängt ein Bild ein.	R hat Monitor auf dem Lenker, Handycam beobachtet für ihn rückseitigen Verkehr. Handycam steckt in Halter an Sattelstange.
Bild steht kopf.	R hat Gestell am Lenker, das über dem Kopf schräg nach hinten geneigten Spiegel trägt. Der Spiegel kann auch als Regenschutz dienen.
F hat einen Sucher.	Lichtschachtsucher mit Spiegel ist an der Vorderradgabel angebracht. Diese Kontrollvorrichtung trägt auch seitlich elektrische Blinker als Fahrtrichtungsanzeiger. (Zuerst in den Rückspiegel sehen, dann Blinker setzen.)
F hat einen Balg aus faltbarem Leder.	R trägt Motorradkleidung. Rad hat ausziehbare Seitenverkleidung an der linken Seite. R fährt im Tunnel. Umgekehrt: R fährt auf der Straße, Autoverkehr unterirdisch.

Manche F erlauben Doppelbelichtung.	Rad bekommt Positionslichter, die die Breite anzeigen. Statt einer Lampe in der Mitte zwei an den Seiten, deren Kegel sich überschneiden. R hat eine einzige Lichtquelle im Rahmen, von der aus über Lichtleitkabel Licht an alle notwendigen Stellen geleitet wird (vorne, seitlich, hinten, Tachobeleuchtung, Lenkerstopfen, Pedale).
Der einfachste F ist ein Schuhkarton mit Loch.	Die Pedale sind nach außen vergrößert und haben Ränder wie ein Karton. Darin sind die Füße des Radfahrers gut geschützt.
F hat Belichtungsmesser.	R wird entlang des Radweges von Sensoren wahrgenommen, die rechtzeitig die Ampel auf Grün schalten.
F steckt in Bereitschaftstasche, die zum Fotografieren vorne geöffnet wird.	Rad ist verkleidet, so daß Sattel immer trocken bleibt. Umgekehrt wie beim Fotoapparat: Wenn Radfahrer aufsteigt, schiebt er mittleren durchsichtigen Teil der Verkleidung hoch und setzt sich darunter.
Objektiv hat Antireflexbeschichtung.	Radfahrer trägt reflektierende Kleidung.
F wird auf Stativ befestigt, um Verwackelung zu vermeiden.	Rad erhält Stützen, die so kurz sind, daß sie beim Kurvenfahren nicht stören, bei Sturzgefahr aber das Rad abfangen.
Manche F piepsen/geben Signal bei Gefahr von Unterbelichtung oder wenn der Film voll ist.	Autos haben Sensor eingebaut, der signalisiert, wenn Radfahrer sich mehr als 1,50 m nähern.
Bei einäugiger Spiegelreflexkamera klappt der Spiegel hoch, wenn der Auslöser gedrückt wird.	Außenspiegel am Auto legen sich bei Berührung flach ans Auto und können nicht verletzen.
F hat Selbstauslöser.	R löst bei Zusammenstoß Schleudersitz. Der Radfahrer wird bei Betätigung eines Auslösers mit einer H_2O_2-Rakete schräg in die Luft geschossen und gleitet dann sanft herunter.

F hat Rolloverschluß mit Schlitz.	Rad hat hinter dem Tretlager auf einer Rolle einen verstärkten Gurt. Für Notbremsung wird der Gurt freigegeben, rollt zu Boden und unter das Hinterrad. Das Hinterrad bleibt stehen (s. Bild 5.5). Es ist so, als ob man sich auf die eigenen Hosenbeine getreten hätte.
F hat Zoom-Objektiv und holt damit Gegenstände heran oder schiebt sie weiter weg.	Frei nach W. CHURCHILL: «Ein kluger Mensch macht nicht alle Fehler selbst. Er läßt auch anderen eine Chance» ist hier Gelegenheit für den kreativen Leser, seine eigenen Assoziationen hervorkommen zu lassen.
Das Filmbild des F wird erst nach Entwicklung sichtbar.	
F ist lichtdicht.	
F hat Autofokus.	
Bild ist verkleinert auf Film.	

Tabelle 5.1 Gegenüberstellung Fotoapparat – Radfahrer

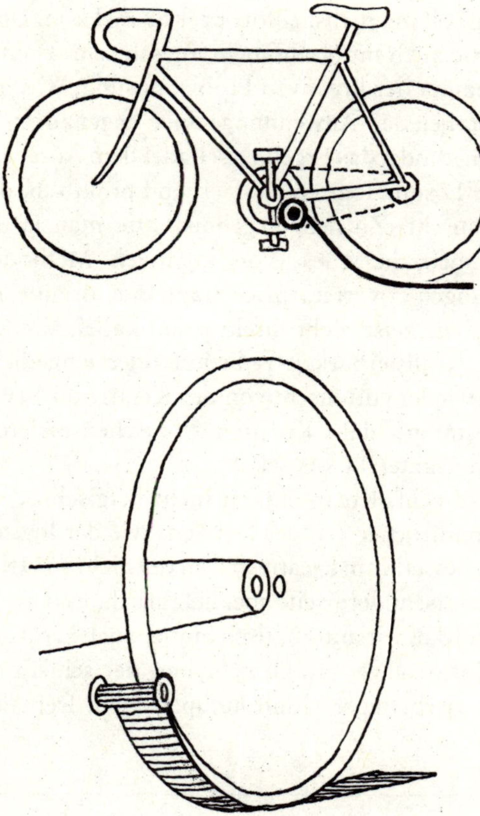

Bild 5.5 Notbremsmatte für Fahrrad

Implementation

Eine Idee muß Wirklichkeit werden können, oder sie ist eine eitle Seifenblase. AUERBACH

Eine kreative Übung z.B. mittels der Reizworttechnik erfolgt tatsächlich nicht aus Selbstzweck, sondern mit dem Ziel, eine Lösung für ein Problem zu finden, das man anders nicht hatte finden können.

Die Lösung soll möglichst sofort praktikabel sein. Und wenn sie gut ist, muß sie auch im Nachhinein logisch sein. Damit kommen wir zum Dilemma der kreativen Problemlösung. Was immer auch herauskommt bei der Anwendung einer sogenannten kreativen Problemlösemethode, das Ergebnis schadet dem Ansehen der Kreativität. Ist die Lösung logisch, einfach und praktisch, dann ist der Kritiker enttäuscht. Zu dem Ergebnis hätte man ja auch direkt kommen können, heißt es. Von kreativen Methoden werden kreative Lösungen erwartet, sprich frappante, originelle, elegante. Solche sind aber meist nicht direkt praktikabel, sondern müssen erst auf ihre Realisierbarkeit reduziert oder eingedickt werden. Also ist man wieder enttäuscht von der Kreativität bzw. in seinem Vorurteil bestätigt, daß Kreativität Taschenspielerei, Varieté, bestenfalls amüsanter Luxus sei.

Das ist ungerecht. Kreativität ist nicht magisch oder mystisch, sondern ein natürlicher Teil des Denkens wie der logische Teil. Es wäre deshalb besser, vom kreativen Denken nicht so viel Aufhebens zu machen. Das ist andererseits aber gefährlich, weil es dann wieder heißen könnte, daß wir automatisch immer auch kreativ sind. Etwa nach dem Motto: «Wer ein Gewehr hat, der schießt auch» oder milder: «Ein vierbeiniger Hund humpelt nicht freiwillig auf drei Beinen».

Fazit:

Wir haben Nachholbedarf in kreativen Techniken, und wenn wir sie üben und schließlich beherrschen, benutzen wir in natürlicher Weise ein breiteres Spektrum unseres Denkens.

Kapitel 6

EINE SYNEKTISCHE EXKURSION

Laterales und vertikales Denken

Den Begriff «laterales Denken» hat E. DE BONO geprägt [25]. Das laterale Denken ist sehr nützlich für kreative Problemlösungen, weil es durch eine ungewohnte Art der Informationsverarbeitung neue Bilder erzeugt. Schon bei der Brainstorming-Übung wurde klar, daß uns das geradlinige logische Denken besonders liegt. Schlüsselerfindungen sind selten. Sind sie aber einmal gemacht, gibt es schnell Verbesserungen, Anpassungen, Variationen.

Daß das Auto von der Kutsche abstammt, kann man noch immer sehen. Beim Verkehr mit Kutschen erwies es sich als nützlich, die beabsichtigte Fahrtrichtung anzugeben. Dazu benutzte der Kutscher die Hand, später eine Kelle. Die ersten Autofahrer machten es genauso. Dann kam die mechanische und schließlich die elektrisch betätigte Kelle, die seitlich am Auto befestigt wurde. Sobald die Kelle elektrisch betätigt wurde, lag es nahe, sie auch elektrisch zu beleuchten. Und erst jetzt war für die vertikalen Denker der Blinker ableitbar: Wenn die Kelle ein Blinksignal gibt, könnte sie auch durch eine Lampe ersetzt werden. Der laterale Denker hätte auf die lange Entwicklung verzichtet. Er hätte nach Möglichkeiten gesucht, wie man sich außer durch Handzeichen noch bemerkbar machen kann.

Ein anderes Beispiel für vertikales Denken stammt von DE BONO aus der Zeit, als es noch keine Rückfahrleuchten gab: Mein Haus steht in einer sehr engen, unbeleuchteten Sackgasse. Wenn sich ein Auto hierher verirrt, muß es rückwärts wieder herausfahren. Nachts hat ein Fahrer große Mühe, weder sein Auto noch meine Haustür zu beschädigen. Nur sehr wenige sind darauf gekommen, die blinkenden Fahrtrichtungsanzeiger als Beleuchtungsquelle zu benutzen. Denn Blinker werden nur als Fahrtrichtungsanzeiger, aber nicht als Lichtquellen klassifiziert.

Wie kann man jemand mit Halsschmerzen in den Rachen sehen, wenn man nur eine Kerze und einen Löffel zur Hand hat? Bild 6.1 zeigt die einfache Lösung.

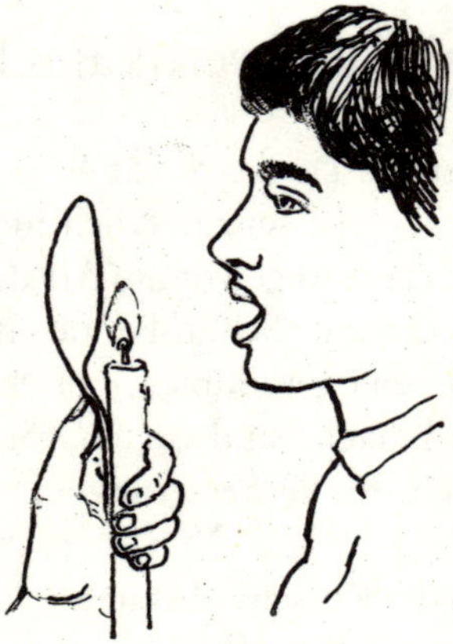

Bild 6.1 Löffel-Reflektor

Der auf Problemlösen Bedachte tut also gut daran, Dinge für sich neu zu definieren oder sie mitunter nicht definitionsgemäß einzusetzen.

Ein klassischer Fall ist der der Herzogin v. D. Sie war so korpulent, daß selbst ihre Freunde sie nicht mehr plump zu nennen wagten, und ersehnte Abmagerung. Die konsultierten Ärzte vertikaler Denkart verordneten sämtlich eine Hungerdiät und wurden entlassen. Bis sich ein lateral Denkender einfand, der sich besorgt über die Schwäche der Herzogin zeigte. Er empfahl ihr nicht, weniger zu essen, sondern – eine halbe Stunde vor den Mahlzeiten – ein großes Glas Milch mit Ovomaltine zu sich zu nehmen. Die Behandlung hatte Erfolg. Das Problem bestand natürlich tatsächlich darin, die Dame dazu zu bewegen, weniger zu essen. Der laterale Denker erreichte dies, indem er ein Nahrungsmittel als Appetitzügler einsetzte.

Ein chemisches Beispiel für erfolgreiches laterales Denken: Nitroglycerin wurde im Technikum unter Verwendung 20%igen Oleums hergestellt. Da Oleum einen hohen Gefrierpunkt besitzt, lagerte man die Fässer in einem beheizten Raum. Nach Vergrößerung der Anlage in den Produktionsmaßstab wurde ein großer beheizter Tank für Oleum gebaut. Das Oleum fror darin im Winter jedoch ein, was zu einer Reklamation führte. Die Apparatebaufirma schlug einen komplizierteren Oleum-Tank mit wirkungsvollerer Heizung vor. Darauf meinte der Produktionsingenieur, das Problem bestände nicht darin, das Oleum warmzuhalten, sondern darin, es nicht einfrieren zu lassen. Das hörte sich nicht sehr richtungsweisend an, führte aber zu der Überlegung, ob man dem Oleum nicht etwas zugeben könnte, das seinen Gefrierpunkt erniedrigt. Die Vokabel «Gefrierpunktserniedrigung» löst bei einem Chemiker garantiert eine Gedankenlawine aus. Je reiner ein Stoff ist, um so höher ist sein Gefrierpunkt (bzw. sein Schmelzpunkt, wenn man von der warmen Seite der Temperaturskala kommt). Deshalb prüft man einfach Substanzen so auf ihre Reinheit. Wird ein Stoff verunreinigt, sinkt der Gefrierpunkt.

Beispiel: Salzstreuen bewirkt ein Schmelzen des Eises, weil der Gefrierpunkt des durch NaCl verschmutzten Eises tiefer liegt und bei 0 °C noch nicht erreicht ist.

Womit sollte man also das Oleum «verschmutzen», damit sein Gefrierpunkt sinkt? Möglichst mit einer Substanz, die später nicht stört. Ideal wäre der nächste vorgesehene Reaktionspartner. Der erste Prozeßschritt besteht in der Nitrierung des Oleums. Schon eine partielle Nitrierung erniedrigt den Gefrierpunkt. Das war die Lösung. Anstatt zu heizen, versetzte man das Oleum einfach mit einer geringen Menge Salpetersäure. Die HNO_3 wirkt hier aber nicht nur als erwünschte und später nicht störende Verunreinigung des Oleums, sondern ist ein Vorgriff auf den nächsten vorgesehenen Prozeßschritt: die Nitrierung des Oleums. Das ist ein stark exothermer Prozeß, d. h., es entsteht viel Wärme. Deshalb muß hier gekühlt werden. Wenn nun aber ein Teil des Oleums schon umgesetzt ist, entsteht auch weniger Reaktionswärme, und man muß weniger kühlen. So wird zweimal gespart und nahegelegt, das Maximum an Einsparung zu finden.

Wir erkennen an diesem Beispiel, daß eine leicht veränderte Formulierung Blockaden beseitigen und bis zu Prozeßoptimierungen führen kann.

Alle genannten Beispiele leiten zu einer mehrstufigen Problemlösetechnik – der Synektik – über, bei der das laterale Denken besonders genutzt wird.

Prinzip der synektischen Methode

Die Synektik wurde in Amerika von W. J. Gordon entwickelt und zeigte bisher die höchste Effizienz bei Problemlösungen. Man spricht von einer Erfolgsquote von ca. 25 % gegenüber einer üblichen von 4 % (siehe Kapitel 7). Sie arbeitet mit Assoziationen aus dem Bereich der Natur und Technik oder Fantasie in den Stufen Analyse, Verfremdung und Synthese. Die Verfremdung wird durch Entfernung erreicht, einen organisierten Spaziergang von Analogie zu Analogie. Schließlich hat man sich so weit vom Problem gelöst, daß man es lösen kann.

Man soll an Goethe-Sätzen nicht herumformulieren. Wenn wir dennoch sein «Ein Problem zu lösen heißt: sich vom Problem zu lösen» (siehe Kapitel 5) noch enger fassen wollen, kommen wir z. B. auf:

«Wer das Ziel aus dem Auge verliert, erreicht es».
Wer dies liest, wird sich empören, mindestens aber ab jetzt von der Notwendigkeit des Schutzes klassischer Zitate überzeugt sein. Trotzdem ist das freie Goethe-Derivat in manchen Fällen wahr. Hierzu finden Sie in den Bildern 6.2 und 6.3 Beispiele aus der Verhaltensforschung.

Ein Huhn hat ein *P*roblem. Es will Körner picken (*Z*iel), die es hinter einem Zaun (*H*indernis) liegen sieht.

$$P = Z + H \quad \text{(s. Kapitel 1)}$$

Der Zaun ist aber zu hoch, um hinüberzuspringen, und zu eng, um hindurchzukommen, aber nicht sehr lang. Die meisten Hühner versuchen das Ziel zu erreichen, indem sie

□ gegen den Zaun rennen,
□ am Zaun hochspringen oder
□ eine Lücke im Zaun suchen.

Bild 6.2 Ein blindes Huhn findet...

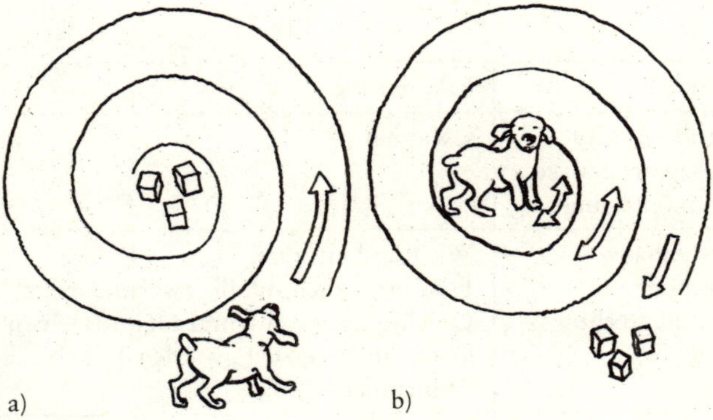

Bild 6.3 Wer das Ziel aus dem Auge verliert, erreicht es

Dies versuchen sie jedoch nur so weit entlang des Zauns, wie sie das Futter sehen.

Ein anderes Beispiel: In der Mitte einer durchsichtigen Spirale von einiger Höhe liegt Futter, außen befindet sich ein Hund (Bild 6.3a). Nachdem der Hund merkt, daß er nicht direkt zum

Futter kommt, geht er in der Spirale auf das Futter zu. Dabei hat der Hund immer das Futter vor Augen, und er kommt ihm immer näher. Ein Problem entsteht für den Hund erst bei einer Umkehrung der Versuchsanordnung: wenn der Hund in der Spirale ist und das Futter draußen (Bild 6.3 b). Um zum Futter zu gelangen, muß er der Spirale folgen, verliert dabei aber zwangsläufig für eine kurze Zeit das Futter aus dem Auge. Sobald er das bemerkt, schwankt er und kehrt um usw. Es ist eine schwierige Aufgabe für ihn.

Ähnlich wie Huhn und Hund verhalten wir uns auch – und meist zu Recht. Wer Problem und Ziel nicht mehr sieht, fühlt sich unsicher. Die meisten Menschen ertragen Unbestimmtheit nicht lange und kehren lieber zum ungelösten, aber sichtbaren Problem zurück. Manchmal ermöglicht aber nur das Abstandnehmen vom Problem eine Flucht aus der Blockierung der Wahrnehmung, dem Korsett der Begriffe und dem Käfig der Routine.

Hierbei führt uns die Synektik an der Hand. Die Synektik und verwandte Methoden der schöpferischen Konfrontation sind in Tabelle 6.1 zusammengestellt.

Methode	Erläuterung
1. Random entry (Reizwortanalyse, Lexikontechnik)	s. Kapitel 5
2. Warenhaus-Methode (Katalogtechnik)	Wie Random entry. Es können auch zufällig zwei und mehr Objekte ausgewählt und auf ihre Gemeinsamkeiten hin untersucht werden. Fünf bis sieben Teilnehmer.
3. Nebenfeld-Integration	Das Umfeld des Problems beeinflußt das Problem und seine Lösung. Die fünf bis sieben Teilnehmer definieren fünf bis 15 Nebenfelder. Damit gewinnen sie zugleich einen breiteren Überblick über das Problem und verringern die Gefahr, wichtige Details zu übersehen. Aus den Nebenfeldern werden Elemente frei assoziiert, und aus diesen schließt die Gruppe auf Lösungen.

4. Semantische Intuition	Semantik = Wortbedeutungslehre; Intuition = Eingebung. Durch Wortverknüpfungen versucht man neue Realitäten zu schaffen. Anstatt erst zu erfinden und dann der Erfindung einen Namen zu geben, wird aus einem erfundenen Namen eine Erfindung abgeleitet. Die Methode kann auch solo ausgeführt werden.
5. Forced Relationship	Ähnlich wie Semantische Intuition. Technisch ähnliche Produkte bzw. ihre Namen werden gesammelt und dann beliebig kombiniert zu Fantasieprodukten und -maschinen.
6. TILMAG	= Transformation idealer Lösungselemente durch Matrizen der Assoziations- und Gemeinsamkeitenbildung. Die von H. SCHLICKSUPP erfundene Methode ersetzt den Verfremdungsprozeß der Synektik durch ein «rationaleres» Verfahren, das Reizwörter liefert. [26]
7. Force-fit-Spiel	Zwei bis acht Personen bilden zwei Mannschaften, ein zusätzlicher Teilnehmer ist Schiedsrichter und Schreiber. Die erste Mannschaft nennt einen Begriff (Reizwort), der mit dem Problem «nichts» zu tun hat. Die zweite Mannschaft versucht, daraus einen Lösungsansatz abzuleiten. Gelingt es ihr, erhält sie einen Punkt und darf nun selbst ein Reizwort nennen. Gelingt es nicht, geht der Punkt an die erste Mannschaft, die dann das Spiel fortsetzt.
8. Synektik	Das Problem wird 1. diskutiert, analysiert und definiert, 2. durch Analogien verfremdet und 3. durch Force-fit gelöst (s. Bild 6.4).

Tabelle 6.1 Methoden der schöpferischen Konfrontation (s. a. Lit. [26])

Die Teilnahme an synektischen Sitzungen bereitet spirituellen Genuß und erfüllt die Teilnehmer mit dem Gefühl selbstbewußter Schaffenskraft. Die geleistete geistige Anstrengung wird körperlich erst spät wahrgenommen. Sonst nüchterne Kritiker fühlen sich

Marschroute		Erläuterung
PAG	Problem as given	Problemübermittlung durch einen Fachmann
D+A	Definition und Analyse	Zusammen mit dem Fachmann bespricht die Gruppe das Problem und definiert es.
SR	Spontane Reaktionen	Spontane Einfälle werden genannt. Vielleicht ist eine Lösung dabei. Auf jeden Fall wird der Kopf frei für Neues.
PAU	Problem as understood	Neuformulierung des inzwischen besser verstandenen Problems.
1.DA	Erste direkte Analogie	Für ein technisches Problem werden Analogien im Bereich der Natur gesucht und umgekehrt.
PA	Persönliche Analogie	Jedes Gruppenmitglied identifiziert sich spontan mit einer ausgewählten 1. DA und schildert die dabei empfundenen Gefühle.
BT	Buch-Titel (Symb.Analogie)	Aus zwei Wörtern (Essenz und vertiefendes Paradoxon) einer persönlichen Analogie wird ein widersprüchlicher „Buchtitel" gebildet.
2.DA	Zweite direkte Analogie	Zu einem ausgewählten Buchtitel werden wieder direkte Analogien gebildet.
EX	Examination	Ausführliche Beschreibungen einer ausgewählten 2. DA in einfachen Worten.
FF	Force fit	Ableitung neuer Gesichtspunkte aus jedem Satz bzw. jedem Begriff der EX.
SAU	Solution as understood	Formulierung von Lösungsvorschlägen, deren Verwirklichung versucht werden soll.

Bild 6.4 Marschroute der synektischen Exkursion

plötzlich kreativ. Die Regeln erlauben zwar abschnittsweise, gewohnte Arbeitsmethoden beizubehalten, entfernen aber gerade dadurch den fleißigen, pflichtbewußten Teilnehmer vom Problem und lassen ihn überrascht fündig werden. Daß ein solcher «Aha-Effekt» in Rückkoppelung die Motivation verstärkt, ist leicht einzusehen. Die eingebaute Übung der persönlichen Analogien bewirkt Enthemmung neben Verfremdung. Bild 6.4 zeigt die Marschroute der synektischen Exkursion.

Beispiel einer synektischen Exkursion

1. PAG — Wie kann verhindert werden, daß Autoscheinwerfer während der Fahrt verschmutzen?

2. D+A — Z.B.: Das Problem besteht also darin, ständig volles Licht für den Fahrer zu garantieren.

3. SR — Spritzdüsen um den Scheinwerfer anordnen, Scheibenwischer.

4. PAU — Kontinuierliche Belagentfernung von Flächen.

5. 1. DA — Erste *d*irekte *A*nalogien (bei technischen Problemen aus dem Bereich der Natur).

   «Wo in der Natur finden sich Beispiele für kontinuierliche Belagentfernung von Flächen?»

   A: «Ein Hund, der sich leckt.»

   B: «Ein Augenlid.»

   C: «Regen.»

   D: «Wind.»

   E: «Verdampfung.»

6. PA — *P*ersönliche *A*nalogien.

   «Stellen Sie sich vor, Sie sind der Wind. Wie fühlen Sie sich als Wind?»

   C: «Ich bin sehr launisch. Manchmal Sturm, dann wieder mildes, sanftes Lüftchen. Ich schmiege mich an die Erdoberfläche und halte alles sanft umschlungen.»

   D: «Die Landschaft spielt mit mir. Hindernisse bereiten mir schneidenden Schmerz.»

A: «Ich brause über die Erde und reiße alles mit. Zerstören macht mir Spaß. Ich bin der Größte.»

7. | BT | *B*uch*t*itel

«Aus den persönlichen Analogien ergibt sich eine Reihe von Stichwörtern: Stärke, Macht, Spiel, Schmerz, launisch, umschlingen, sanft, mild. Wählen wir das Wort ‹*umschlingen*› und suchen nach einer paradoxen Umschreibung.»

D: «Begrenzte Freiheit.»

A: «Erlösende Fessel.»

C: «Sanfter Zwang.»

E: «Haltlose Festigkeit.»

8. | 2. DA | Zweite direkte Analogien

Welche Beispiele gibt es für «sanften Zwang» in der Technik?

B: «Bremse.»

E: «Rasierklinge.»

D: «Fallschirm.»

A: «Segelflugzeug.»

C: «Windmühle.»

9. | EX | Funktionsbeschreibung des Fallschirms

B: «Der Fallschirm ist wie der Flügel eines Vogels. Er hält den Menschen, der an ihm hängt, in der Luft und verhindert, daß er rasch zu Boden fällt.»

E: «Das Tuch spannt sich wie eine Halbkugel und setzt der Luft Widerstand entgegen.»

A: «Ein Fallschirm spannt sich plötzlich auf.»

10. | FF | «Denken Sie jetzt wieder an das definierte Problem. Was könnte das mit einem Fallschirm zu tun haben?»

B: «Wie wäre es, durch rund um die Scheinwerfer angeordnete Druckluftdüsen ein Luftpolster – ähnlich dem Fallschirm – zu erzeugen, das den Schmutz erst gar nicht auf das Glas kommen läßt?»

D: «Gerade umgekehrt wie beim Fallschirm könnten Autoscheinwerfer so konstruiert werden, daß sie der von vorn kommenden Luft (und mitfliegenden Schmutzteilchen) möglichst wenig Widerstand entgegensetzen. Sie müßten kegelförmig geformt sein oder überhaupt nur aus einer kleinen Glaskugel bestehen, durch die Lichtaustritt erfolgt.»

A: «Der Fallschirm spannt sich plötzlich auf. Durch ein Zusammenziehen und plötzliches Spannen der Scheinwerferscheibe könnte der anhaftende Schmutz abgesprengt werden. Zu diesem Zweck müßte die Scheibe aus einem elastischen Material sein.»

Weitere Anwendungen

Bernd Rohrbach, nach eigener Aussage der erste Deutsche, der (1963) das Synectic Institute in Cambridge besuchte, hat sich hier als charismatischer Multiplikator kreativer Problemlöseverfahren verdient gemacht [28]. Besonders überzeugend wirkte, daß er wohl seinen Lebensunterhalt von eigenen Erfindungen bestreiten konnte.

Die zusammenlegbare Militärantenne fand er im Frankfurter Senckenberg-Museum bei der Betrachtung der Wirbelsäulen von Dinosauriern. Die Antenne besteht aus «Wirbeln», die auf einer Schnur aufgefädelt sind. Macht man den untersten Wirbel fest und zieht an der Schnur, richtet sich die Antenne auf. Zum Abbauen läßt man einfach Leine, und die Antenne fällt in sich zusammen.

Die hautschonende Rasierklinge fand Rohrbach synektisch über «gleitendes Entfernen» mit Kufen als Abstandshalter. Seit Rohrbach sind Rasierklingen beschichtet, heißt es.

Mit Hilfe kreativer Problemlösemethoden sind bedeutende Erfindungen gemacht worden. Um willkürlich nur einige jüngere zu nennen:

- ☐ das Heben von Schiffen mit gequollenem Polystyrol,
- ☐ der Wulstbug von Schiffen,

- ☐ die beschichtete Bratpfanne,
- ☐ ein trockenes Verfahren zur Herstellung von Papier,
- ☐ die enzymatische Produktion von Traubenzucker u. a. Chemikalien,
- ☐ ein weißer Straßenbelag, der die Rutschgefahr vermindert und Scheinwerferlicht streut,
- ☐ der Entwurf einer Weltraumkapsel nach dem Studium der utopischen Literatur und des Fötus im Mutterleib.

Ausblick

Wenn Sie nicht schon vorher der Meinung waren, man könne nie genug Arbeitsmittel kennen, so sind Sie vielleicht jetzt davon überzeugt, daß uns kreative Problemlösetechniken durchaus helfen können. Kreativität ist ein überstrapaziertes Wort mit einer Gloriole von Genie, Mystik, strahlendem Erfolg oder auch von Scharlatanerie. Wir wollen uns auch deshalb nicht an das Wort klammern, sondern den Nutzen dessen prüfen, was sich dahinter wirklich verbirgt. Die sogenannten kreativen Problemlösemethoden sind kein Luxus. Sie sind nützlich und notwendig, wenn unsere eingeübte vertikale Methode der Informationsverarbeitung an ihre Grenzen stößt und wir trotzdem nicht aufgeben wollen.

Auch die Bedeutung der Motivation wurde in Ländern mit kälterem Klima und willigen Arbeitskräften lange unterschätzt, obwohl sie im populären Satz «mit Musik geht alles besser» abrufbar zur Verfügung stand. Solange aus Motivation nicht Manipulation wird, können wir uns dieser Entdeckung freuen.

In naher Zukunft wird es wichtig sein, laute, Abfall verursachende technische Großverfahren mit niedrigem Wirkungsgrad durch stille, energiesparende und umweltfreundliche Prozesse zu ersetzen. Auch die Lösung gesellschaftlicher Probleme kann nicht mehr konventionell erfolgen.

Erkennen wir unsere Probleme, um sie mit Hilfe der *ganzen* Skala unseres geistigen Instrumentariums freudig zu lösen! Nutzen wir den Vorteil der offenen Geisteshaltung, denn *«Routine ist Tradition minus Geist»*.

Kapitel 7

IDEENKILLER

Wer oder was ist das?

BERT BRECHT sagte einmal: «Alle großen Ideen scheitern an den Leuten». Letzten Endes sind es wirklich Menschen, die Ideen umbringen, und zwar *fremde* Ideen. Denn «Ideen sind wie Kinder. Die eigenen liebt man am meisten» (LOTHAR SCHMIDT).

Aber genauer besehen sind es besondere, von Menschen benutzte Wörter, unter denen Ideen leiden und sterben. Wir wollen unter Ideenkiller eine *schwer angreifbare Phrase zum Abwürgen von Ideen* verstehen.

Ideenkiller in Hierarchien sind Symptom einer müden Organisation, die ihre Initiative verloren hat und deren Verantwortlichkeits-Belohnungs-Struktur außer Takt geraten ist. Wenn Erfolg nicht besonders hoch belohnt wird, aber Mißerfolg Hohn und Spott oder Ende der Karriere bedeuten, dann wird Risikovermeiden der Weg des geringsten Widerstands. In verknöcherten bürokratischen Entscheidungsstrukturen können Individuen als Risikovermeider Karriere machen, indem sie nur das Protokoll beachten und sich vor jeder Verantwortlichkeit gegenüber dem System drücken.

Skeptiker haben oft recht, aber erfinden selten. Innovationen kommen von Optimisten. Kurzfristig gewinnen die Ideenkiller, aber am Ende geht der Preis an die Risikobereiten. Dies wird oft übersehen.

Beispiele für Ideenkiller

Ideenkiller (Bild 7.1) sind zwar nicht verfolgungswürdig im Sinne des Strafgesetzbuches, aber ein Blick auf § 211 StGB ist zum Vergleich recht nützlich. Dort heißt es: «Mörder ist, wer aus Mordlust, ..., aus Habgier oder sonst aus niedrigen Beweggründen, heimtückisch oder grausam oder mit gemeingefährlichen Mitteln oder um eine andere Straftat zu ermöglichen oder zu verdecken, einen Menschen tötet.» Mord ist also eine vorsätzliche und verwerfliche Handlung – und das gilt auch, wenn die Opfer Ideen sind.

Daneben gibt es auch Totschlag, und der ist nicht vorsätzlich und auch nicht ganz so verwerflich. Es kann vorkommen, daß Ideen nebenbei, zufällig, im Jähzorn, unter Schock, versehentlich... umkommen. Ein häufiger Fall, der sogar «mildernde Umstände» erheischt, heißt Problemblindheit.

Wer ein Problem nicht sieht und die Unbehaglichkeit des Erfinders nicht nachempfindet, kann den Wert einer Idee trotz besten Bemühens nicht erkennen. Dieser «ausgeglichene» Typ tötet Ideen mit dem Besen beim Saubermachen.

Die Tötungsart ist, was die arme verblichene Idee angeht, unerheblich. Dennoch kann die Kenntnis von grausamen oder heimtückischen, groben oder subtilen Anschlägen einem potentiellen Opfer das Leben retten. In diesem Sinne wollen wir uns nun den Ideenkillern zuwenden.

Bild 7.1 Ideenkiller

Grobe Ideenkiller

Hier einige typische Vertreter der gröberen Sorte von Ideenmördern [2]:

Typische «Ideenkiller»
Verbreitete Phrasen, um Ideen abzuwürgen:

- ☐ Das mag wohl theoretisch richtig sein, aber ...
- ☐ Damit kommen wir hier nicht durch.
- ☐ Wollen Sie das verantworten?
- ☐ Ob wir dafür jemanden begeistern können?
- ☐ Viel zu teuer!
- ☐ Wenn Sie das gut finden – warum hat es dann noch kein anderer gemacht?
- ☐ Für dieses Projekt haben wir keine Zeit (kein Geld, kein Personal ...).
- ☐ Natürlich – Sie wissen es besser!
- ☐ Als Fachmann kann ich Ihnen sagen ...
- ☐ Seien Sie erst mal einige Jahre hier ...
- ☐ Ganz nett, aber unter Wirklichkeitsgesichtspunkten ...
- ☐ Wir wissen, was unsere Kunden wollen!
- ☐ Das ist doch Wunschdenken!
- ☐ Ja, wenn das so einfach wäre!
- ☐ Das haben wir noch nie so gemacht!
- ☐ Da könnte ja jeder kommen!
- ☐ Dafür ist die Zeit noch nicht reif.
- ☐ Das ist nicht unser Bier.

Sie haben gemeinsam, daß sie autoritär sind, sich nicht leicht entkräften lassen und daß sie manchmal nicht entkräftet werden *dürfen*. Der Vorsteller einer Idee ist auf den guten Willen des Beurteilungsgremiums angewiesen. Andererseits darf er auf einen höflich und sympathisch wirkenden Kampf gegen das Gremium nicht verzichten. Wurde die Idee einmal durch einen Ideenkiller abgeschossen, hat sie es beim zweiten Versuch nämlich noch schwerer. Wird die Idee gar innerhalb kürzerer Zeit ein drittes Mal vorgebracht, gibt ihr schon der schwache Ideenkiller «Jetzt kommt er (sie) schon wieder damit» den Gnadenstoß.

Subtile Ideenkiller

Die subtileren Ideenkiller sind besonders gefährlich, weil man ihnen ihre Gefährlichkeit nicht sofort ansieht. Wird einer Idee der Vorwurf gemacht, sie funktioniere nicht, habe keinen Wert oder sei zu teuer, so besteht noch eine Chance der Rechtfertigung und Überzeugung. Während die Idee verteidigt wird, genießt sie Aufmerksamkeit von allen Seiten. Aufmerksamkeit ist das beste für das Überleben einer Idee. Jetzt kann sie zeigen, was sie wert ist. Die harmlose Bemerkung «trivial» aber ist voller Tücken, weil sie einer Idee jede Aufmerksamkeit entzieht. Mit dem Stempel trivial wird Neues alt, Gewagtes selbstverständlich, Interessantes ein zeitraubender Anschlag auf die Geduld der Zuhörer. Wer trivial sagt, hat einen Wissensvorsprung. Wem Trivialität vorgeworfen wird, geht zugleich der in joviales Geschenkpapier eingewickelte Rat zu, beim nächstenmal mit dem Herausblasen von Binsenweisheiten vorsichtiger zu sein. Etwa nach dem falschen Motto: Ideenreichtum ist die natürliche Folge der Kombination von Ehrgeiz und Erfahrungsmangel. Dies wiederum enthält einen Zeitzünder gegen die Jugend, denn wer älter ist, sollte Ehrgeiz nicht mehr so nötig haben und über viel Erfahrung verfügen.

Die Killerphrase «trivial» ist ein Verwandlungskünstler. Sie versteckt sich in vielen Kostümierungen, z.B. in:

Das ist doch längst bekannt.
Das ist keine neue Idee.
Das ist eine (ur)alte Idee.
Was ist neu daran?
Das ist eine ausgezeichnete Idee, aber das haben wir schon gemacht.
Das ist das gleiche wie xyz (sehr heimtückisch).
Das ist nichts anderes, als was wir machen.
Das machen wir immer so.
Das machen wir schon immer so.
Das ist gleichwertig mit dem, was wir bei xyz machen.
Das machen wir schon bei xyz.
Das haben wir vor Jahren gemacht.
(Nicht nur alt, sondern veraltet!)
Wir haben das versucht, aber es funktioniert nicht.

Warum gibt es Ideenkiller?

Ideenkiller als Verteidigung und die Bedürfnispyramide von Maslow

Ideenkiller lassen sich nicht nur in grob und subtil unterteilen, sondern auch nach dem Hintergrund der Ideenfeindlichkeit, der Blockierung, unterscheiden. Grundsätzlich bleibt das Abwürgen von Ideen auch als Angriff eine Art Verteidigung, also eigentlich ein Zeichen von Schwäche. Dies wird deutlich, wenn wir uns die Bedürfnispyramide von Maslow – eines bekannten Sozialwissenschaftlers – ansehen (Bild 7.2).

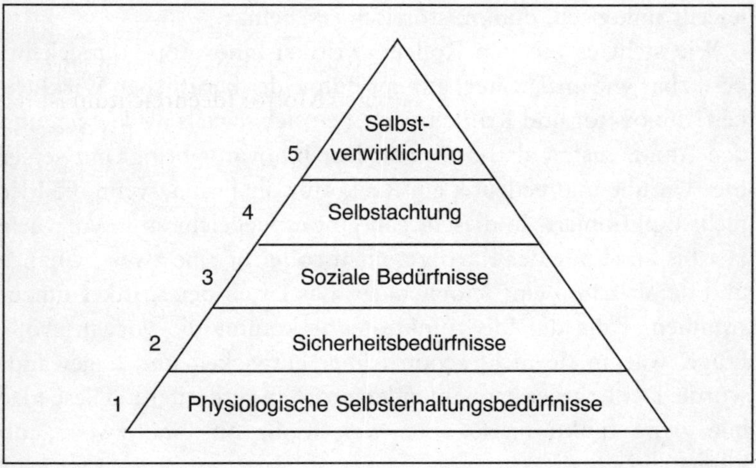

Bild 7.2 Bedürfnispyramide von Maslow

Wer Ideen äußert, möchte seine Selbstachtung bis zur Selbstverwirklichung steigern. Dabei trifft er auf Mitmenschen,

- die mit ihm wetteifern (Stufe 5),
- die glauben, daß ihre Selbstachtung (4) leidet, wenn andere aufsteigen,
- deren soziale Bedürfnisse (3), (z.B. Disziplin, Anpassung) berührt werden,

□ deren Sicherheitsbedürfnisse (2) (Verharren in Routine, Betriebsblindheit u. a.) gefährdet werden und Angst und Verteidigung auslösen.

Ideenkiller als Angriff und Kampf ums Dasein

Zwei Menschen können etwas Gegensätzliches tun und trotzdem jeder für sich recht haben. Das sieht man gut in klassischen Dramen, die den Theaterbesucher kunstvoll den Standpunkt wechseln und abwägen lassen, bis er schließlich, zum Denken angeregt, entscheidet und nach dem Willen des Autors überzeugt die «richtige» Partei ergreift. Damit dies gelingt, müssen die Schauspieler in sich so überzeugend sein, daß die Handlung des Gegenspielers jeweils unlogisch, dumm, störrisch erscheint.

Wie steht es mit den Rollen «Kritiker-Innovator» (umgekehrt besetzbar wie im Theater) auf der Bühne der beruflichen Wirklichkeit? Innovator und Kritiker verstehen sich jeweils als Helden und den Antagonisten als Bösewicht. Der Innovator bringt mit seiner Idee Unruhe und bedeutet ein Risiko für die Firma, wenn die Idee nicht funktioniert. In diesem Fall gibt es vielleicht stille Vorwürfe fast bis ans Ende der Karriere, nicht so leicht eine zweite Chance und damit kaum eine Möglichkeit, das Urteil der Kritiker umzustimmen. Falls die Idee funktioniert, kommt die vorwurfsvolle Frage, warum sie nicht schon früher entwickelt und angewandt wurde. Der Kritiker kann unwidersprochen verbreiten: «Diese Idee hat zwar funktioniert, aber wer weiß, ob eine zweite, ob immer ...?»

Also auch im Erfolgsfall kann der Innovator Vorwürfe ernten. Zumindest kennt man ihn nun und stuft ihn als Ideenmenschen ein. Ehrenvoll – oder auch nicht. Für Führungspositionen sucht man häufig Tatmenschen, solide, verläßliche Typen. Innovatives Verhalten in festgefahrenen Hierarchien ist also nicht karrierefördernd und damit eigentlich unintelligent. Wer andere Ideen kritisiert, erhebt sich automatisch in den Stand des übergeordneten Entscheiders, ist besser angepaßt, damit im Darwinschen Sinn intelligent [29].

Wenn der Kritiker mit dem Innovator übereinstimmt, ordnet er sich unter und macht sich als Individuum überflüssig. Aufgrund dieser Erkenntnis gibt es zwei Möglichkeiten für den egoistischen Erfolg: entweder nicht übereinstimmen als Kritiker oder selbst Innovator sein. Der Innovator muß zeigen, daß seine Idee funktioniert. Das kann er meist nicht sofort, sondern erst nach Tagen, Wochen, Jahren, weil etwas verändert werden muß, weil eine neue Anlage gebaut werden muß ...

So kann er also nur hoffen, daß der Kritiker seine Idee einsieht, daß sie ihm gefällt. Es ist wie beim Erzählen eines Witzes. Wenn der Zuhörer nicht lacht, dann war es kein Witz. Diese Schwierigkeit des Innovators läßt viele Ehrgeizige lieber die leichtere Rolle des Kritikers wählen.

Vorgesetzter sollte nur sein, wer gerne und schnell entscheidet. Das ist richtig. Deshalb ist es so wichtig, zwischen Ideenkillen und Entscheiden zu differenzieren.

Einteilung der Ideenkiller nach Hintergrund

Wenn wir fragen, warum Ideen behindert werden und was der Hintergrund hierfür ist, so lassen sich fünf Bereiche identifizieren:

1. *Verharren in der Routine*

- ☐ Erprobte und bewährte Verfahren werden weiter eingesetzt, obwohl es neuere und bessere gibt. Keine Experimente!
- ☐ Alternativlösungen werden zurückgewiesen, weil sie nicht zu den gewohnten passen.
- ☐ Mangel an Zukunftsoptimismus und Kraft. Innere Bindung an Routine, sich auf Autorität verlassen.

2. *Betriebsblindheit = Sehschwäche + Auswertefaulheit*

- ☐ Beobachtungen werden nicht genutzt.
- ☐ Offensichtliches wird nicht untersucht.
- ☐ Teilprobleme werden nicht definiert.
- ☐ Entfernte Zusammenhänge werden nicht erkannt.
- ☐ Ursache und Wirkung werden nicht unterschieden.

☐ Blick nur für das Unwesentliche, selektive Wahrnehmung
☐ Dorfschönen-Effekt
☐ Intelligenzfalle

3. Disziplin und Anpassung

☐ Gruppengehorsam (Familie, Beruf, Gesellschaft).
☐ Nur «ordentliche» Bilder, Gewohnheiten oder Methoden werden anerkannt.
☐ Blindes Vertrauen in das «Allwissen» von Experten.
☐ Zusammenarbeit wird überbetont.
☐ Man möchte vor allem praktisch sein und urteilt zu schnell.
☐ «Fantasie ist Zeitverschwendung.»
☐ Nur Vernunft und Logik werden anerkannt.

4. Angst

☐ Angst vor abweichendem Verhalten.
☐ Angst, zur Minderheit zu gehören.
☐ Angst vor Fehlern oder Blamage; AYF = After You Friend.
☐ Angst vor Vorgesetzten und Mißtrauen der Kollegen und Mitarbeiter.
☐ Übermotivation für schnelle Erfolge aus Angst vor Mißerfolg.
☐ Vorläufige Problemlösungen werden akzeptiert, obwohl sie nicht optimal sind.
☐ Mangelnde Bereitschaft, Umwege zu gehen, aus Angst, das Ziel aus den Augen zu verlieren.

5. Verteidigung im Konkurrenzkampf

☐ Wettbewerb wird überbetont.
☐ NIH = Not Invented Here.
☐ Prisoner's dilemma
☐ Kreativitätsdilemma

Diese Zusammenstellung erhebt keinen Anspruch auf Vollständigkeit, genügt aber, um viele Ideenkiller zu erkennen und in die richtige Ecke zurückweisen zu können. Vieles versteht sich von selbst, aber zusammenfassende Stichwörter wie Dorfschönen-Effekt, Intelligenzfalle, AYF, NIH, Prisoner's dilemma und Kreativitätsdilemma sollen kurz erläutert werden.

Spezielle Hintergründe

Der Dorfschönen-Effekt

Als es weder Auto noch TV oder Radio gab, lebten die Menschen in abgelegenen Dörfern sehr isoliert. So ist vorstellbar, daß die Dorfbewohner das schönste Mädchen ihres Dorfes für das schönste Mädchen überhaupt halten konnten – weil es wirklich ganz besonders schön war und weil sie sich kein noch schöneres vorstellen konnten. Mangel an Fantasie oder an Vergleichbarem ist hier die Ursache für Urteilssicherheit. Das einmal gefällte Urteil ist, wenn es nicht bald nach seiner Installation ins Wanken kommt, ziemlich stabil. Da kann ruhig die Kunde von einer anderen fernen Schönen ins Dorf gelangen («Wer weiß, ob sie wirklich so schön ist.»). Ja, es kann sogar eine fremde Schöne ins Dorf einheiraten. Da sie anders schön sein wird als die Titelverteidigerin, bleibt deren Ruf unangefochten. Die Definition für Schönheit basiert nämlich (nicht ursprünglich, aber durch Gewöhnung) auf der speziellen Schönheit der etablierten Dorf-Venus. Gegen den Dorfschönen-Effekt wirkt nur unermüdliche Aufklärung: Auto, TV, Radio.

Die Intelligenzfalle

Je intelligenter Menschen sind und je höher sie in einer Hierarchie stehen, um so eher können sie in die Intelligenzfalle stolpern. Mit Intelligenzfalle [29] ist gemeint, daß kluge Leute, noch dazu redegewandt, ihren Standpunkt (ja spaßhalber auch andere, beliebige Standpunkte) hervorragend verteidigen können. Es hat kaum Zweck, eine Erklärung oder Beweisführung zu fordern. Die Antwort wäre brillant. – Wenn aber mit der Zeit von anderen zu oft auf eine Erklärung verzichtet wird, verführt dies schließlich zu immer schnelleren Urteilen – auf Kosten der Umsicht, bis zu Lasten der Gerechtigkeit.

Der Ideenschützer erkennt den in der Intelligenzfalle Befindlichen an Sätzen wie:

«Das gefällt mir nicht, und ich sage Ihnen auch, warum.» «Die Idee kann nicht funktionieren, und gleich werde ich Ihnen beweisen, warum.» «Natürlich muß man das anders machen. Ich zeige Ihnen mal, wie.»

Hier ist jemand gerne bereit, ein Vorurteil zu verteidigen. Der Intelligente sieht ein, daß er in der Falle sitzt («he outsmarted himself»), wenn er sich dabei ertappt, einen Standpunkt zu verteidigen, der es gar nicht verdient. Ob eine Idee in einer solchen Situation gekillt wird oder nicht, hängt vom Zeitpunkt – vor oder nach der Einsicht – und vom guten Willen ab.

Der gute Wille läßt sich ohne Gesichtsverlust z.B. durch die Mapping-Methode PMI (Plus, Minus, Interesting, Kapitel 8 und [29]) befördern.

AYF = After You Friend

Das AYF-Syndrom bezeichnet Vorsicht, wenn nicht Feigheit. Es gibt eine nationale und internationale Probierelite, aber die meisten Menschen sind skeptisch bei Neuem. Sie probieren es erst, wenn bereits gute Erfahrungen und Empfehlungen von glaubhafter Seite vorliegen, d.h. wenn das Neue nicht mehr neu ist. Wenn man das Sprichwort «Was der Bauer nicht kennt, das ißt er nicht» ernstnimmt, muß man sich fragen, wie er zu seinen bisherigen Kenntnissen gelangt ist. Aber das ist wohl ebenso zu erklären wie die Tatsache, daß die englische Nation in der Zeit der Puritaner nicht ausgestorben ist: vereinzelte Inkonsequenz.

AYF ist Ausdruck des Bedürfnisses nach Sicherheit und der Sehnsucht nach Gruppenschutz. Ein Alufolien-Hersteller kauft kaum eine neue (obwohl bessere und umweltfreundlichere) Siegelmasse für Easy-opening-Joghurtbecher, wenn er erfährt, daß er der erste ist. Hat der Wettbewerb diese Masse bereits im Einsatz, kann das Muster gar nicht schnell genug kommen.

Einer Gruppe anzugehören und sich als Mitglied der Gruppe einen erhöhten Schutz auszurechnen, erscheint sehr erstrebenswert. In *guter Gesellschaft* zu handeln ist sogar so verlockend, daß dabei die ursprüngliche AYF-Vorsicht vergessen wird (wie beim Nachzügler für die Alu-Siegelmasse). Kann man sich anders erklären, daß die Industrie immer geballt investiert hat? Die chemische Industrie z.B. an Standorten wie Iran, Brasilien, Rotterdam, Antwerpen, Hongkong, Shanghai oder in Produkten wie Nuklearchemie, Spezialitäten, Agrochemie, Saatgut, Elektronik.

Aus verschiedenen Gründen haben sich manche Standorte nicht besonders bewährt, und manche Produktgruppen sind aus der Mode gekommen. Der kleine Markt für Spezialitäten verträgt nicht viele große Wettbewerber und bietet also gerade keinen Gruppenschutz. Der Schutz vor Kritik besteht aber weiter, denn die Entscheidung war in bester AYF-Manier erfolgt, und man war beim Einstieg in guter Gesellschaft – wie später beim Ausstieg.

Was kann man gegen AYF tun? Aufklären, die Angst vor Neuem nehmen, mit gutem Beispiel vorangehen, aus Schillers Tell zitieren: «Der Starke ist am mächtigsten allein».

NIH = Not Invented Here

«Nicht von uns erfunden». Das sagt man nicht, aber das ist der Grund für einen festen Gruppenzusammenhalt gegen eine fremde Idee. Sonst untereinander nicht so sehr harmonisierende Gruppenmitglieder vollbringen gemeinsam kreative Höchstleistungen im Erfinden wirksamer Ideenkiller.

Halb so viel Motivation und Kooperation hätten gereicht, eigene und sogar bessere Ideen zu erzeugen. Nun ist es zu spät fürs Konstruktive. Ein Fremdkörper ist eingedrungen und muß vom Immunsystem zerstört werden.

Warum? Eine fremde Idee im eigenen Spezialgebiet stellt die mühsam erarbeitete Kennerschaft in Frage, zeiht den Fachmann der Blindheit und gibt ihn dem allgemeinen Gespött preis.

Die wildernde Idee bricht ein Monopol und ist eine furchtbare Blamage. Deshalb darf es hier keine fremden Ideen geben: Nur der Fachmann kann sie entwickeln, und nur er kann aufgrund seiner Erfahrung ihren Wert beurteilen.

Kurz: Jede von außen kommende Idee taugt entweder nichts (a) oder wird längst von uns genutzt (b), ist uns jedenfalls im Prinzip bekannt. Das «Im Prinzip bekannt» ist der letzte verzweifelte Ideenkiller. «Nihil nove sub sole» steht für den Rundumschlag gegen alles Neue. Alles ist schon einmal dagewesen. Es gibt auch keine neuen Witze, sondern nur Variationen von sieben Grundwitzen.

NIH ist also eine gefährliche Sache für Ideen. Abhilfe: Harter Kampf oder schnelle Flucht. Das beste ist, die NIH-Situation gar nicht erst entstehen zu lassen durch übergreifende Zusammenarbeit bei wechselnden Themen in wechselnd zusammengesetzten Arbeitsgruppen.

Das doppelte Kreativitätsdilemma

NIH hat uns bereits an ein Dilemma herangeführt. Eine gute Idee muß logisch sein – zumindest nachträglich, sonst könnten wir sie nach unserem Wertungssystem gar nicht schätzen. Daß sie nicht von vornherein logisch folgte, zeigt die Reaktion auf NIH. Die Ideenproduktion und die Ideenbewertung sind nicht spiegelsymmetrisch, sondern asymmetrisch.

Eine gute Idee soll auch möglichst leicht zu verwirklichen sein. Ist die Idee nun wirklich in idealer Weise logisch, einfach und praktisch, dann wird sie trotzdem geringgeschätzt (zu einfach; ist ja klar; hätte ja jeder draufkommen können; so ähnlich wie …, nur … usw.). Eine NIH-Idee findet notfalls Gnade, weil sie frappant, originell, elegant und nicht sofort brauchbar ist.

Bis diese Idee jedoch von den Wolken auf die Erde gebracht ist, haben sich die Ideenkiller wieder gesammelt. Wie die Idee auch sei, sie tritt in Fettnäpfe. Das ist das erste Dilemma der Kreativität.

Angenommen, über das erste Dilemma sei ein Teilsieg errungen. Reumütig und zukunftsfroh wurde beschlossen, jungen Ideen ein längeres Leben zu lassen, ihnen einen Jugendbonus zu gewähren, wie den Jugendlichen in unserer Gesellschaft. Die Folge ist ein fröhliches Hervorsprudeln von Ideen, eine Vervielfachung der Ideenproduktion. Damit sinkt die Ideengüte, schließlich fehlt ja die Vorauslese durch Ideenkiller. Da nicht viele Ideen verwirklicht werden können, steigt mit der Quantität der Ideen automatisch die Rückweisungsquote. Ein Unternehmen hat nur begrenzte Mittel,

Kapazitäten und Arbeitsgebiete. Eine hohe Rückweisungsquote demotiviert, schränkt also Ideenproduktion wieder ein. Ideen werden so oder so, durch Ideenkiller oder Nichtverwirklichung, gebremst. Das ist das zweite Dilemma der Kreativität.

Die Ideenkiller sind bei diesem Vergleich womöglich billiger. Ein besserer Ausweg aus dem Dilemma sind klare Ziele, Prioritäten setzen, Realisierbarkeit im frühen Stadium prüfen. Ideen dürfen nie generell abgelehnt werden, sondern können z. B. in einer Ideenbank verzinst werden. Die Unmöglichkeit der momentanen Verwirklichung muß glaubhaft begründet werden.

Prisoner's Dilemma

Dieses Dilemma stammt aus der Spieltheorie [31]. Zwei Personen spielen ein Spiel, in dem sie zwischen zwei Verhaltensweisen wählen können:

1. vertrauensvoll oder
2. mißtrauisch, ausbeutend.

Es gelten folgende drei Regeln:

1. Wenn sich beide vertrauensvoll verhalten, gibt es für beide eine kleine Belohnung.
2. Wenn sich beide mißtrauisch verhalten, erhalten beide eine kleine Strafe.
3. Wenn sich einer vertrauensvoll und der andere mißtrauisch verhält, erhält der erste eine große Strafe und der zweite eine große Belohnung.

Falls nun die Verhaltensweise des anderen feststeht, aber unbekannt ist, fährt der Spieler mit Mißtrauen am besten. Wenn aber beide so handeln, werden sie beide bestraft. Natürlich würden sie lieber belohnt werden, aber das geht nur bei gegenseitigem Vertrauen.

Nach mehreren gemeinsam erlittenen und unnötigen Strafen lernen die Spieler, daß es vernünftiger ist, sich mit einem kleinen Gewinn zu bescheiden und freundlich zu sein. Diese Situation bleibt so lange stabil, bis einer der Spieler aus Ehrgeiz den Frieden stört.

Dann ist der andere so lange mißtrauisch, bis der Gegner wieder friedlich wird.

Dieses Spiel wird, wie man sofort erkennt, nicht nur im Gefängnis gespielt, sondern im großen. Man kennt es unter den Namen Kalter Krieg, Abrüstung ... Auch im Berufsleben spielt es eine große Rolle. Auf das Killen von Ideen angewandt heißt das: Ideen gedeihen am besten in einer vertrauensvollen Atmosphäre. Mißtrauen ist eine schlechte Kinderstube für Ideen.

Tradition

Ideen sind etwas Neues. Aber Neues hat es zu allen Zeiten gegeben. Und so gibt es eine Geschichte im Schöpfen von Ideen wie eine im Vernichten von Ideen [30].

Galileo Galilei erfand 1609 das später nach ihm benannte Fernrohr. Durch seine Beobachtungen der Jupitermonde mit Hilfe dieses Fernrohrs begründete er die moderne Astronomie. Seine ideenkillenden Zeitgenossen sagten:

Die Jupitermonde sind für das unbewaffnete Auge unsichtbar

- ☐ und können *deshalb* keinen Einfluß auf die Erde haben
- ☐ und wären *deshalb* nutzlos (was es in der Schöpfung nicht gibt)
- ☐ und existieren *deshalb* nicht.

Und *deshalb* braucht man auch kein Fernrohr. (Das war im Mittelalter und verwundert *deshalb* nicht weiter.)

Über 200 Jahre später, nämlich 1844, gab es jedoch nicht minder gefährliche Ideenkiller. Nicht auszudenken, wie die USA ohne Patentschutz dastünden. Der Commissioner for Patents sagte 1844: «The advancements of the arts from year to year tax our credulity and seem to presage the arrival of that period when further improvement must end». Mit anderen Worten: Er wollte die Patentbehörde schließen, weil die Welt nahezu perfekt sei und nichts Nennenswertes mehr erfunden werden könne.

Die vom englischen Parlament eingesetzte Expertenkommission war in bester Ideenkiller-Tradition, als sie 1878 Edisons Erfindung der Glühbirne für «gut genug für unsere transatlantischen Freunde, aber unwert der Beachtung durch (englische) Praktiker und Wissenschaftler» befand.

Schlimm nur, daß EDISON himself, der große Erfinder, wegen eines blinden Flecks in dieser Richtung den Wechselstrom bekämpfte. Er sagte: «Ich habe mich immer gegen Hochspannung und Wechselstrom für Beleuchtungszwecke eingesetzt. Todsicher wird (die Firma) Westinghouse einen Kunden umbringen, keine sechs Monate nach Installation eines solchen Systems.»

Das Gute an Ideenkillern

Die Überschrift mag überraschen, denn wir haben bisher nur Minuspunkte gesammelt. Es gibt aber Negatives, das positiv wirkt. So wie Stahl im Feuer gehärtet wird, kann eine Idee im Kreuzfeuer der Kritik gestählt werden. Indem sie ihre Schwächen verliert, wird sie verbessert. Obwohl die Ideenkiller destruktiv sind, wirken sie in diesem Fall konstruktiv. These und Antithese ergeben dann keine Prothese, sondern eine verbesserte These.

Eine gute Idee kann eine Weile geschützt werden, aber irgendwann muß sie sich Prüfungen gefallen lassen. Bei diesen Prüfungen wird sie um so besser bestehen, je besser sie von Natur aus und je besser sie abgehärtet ist.

Die nachfolgenden Grafiken zeigen typische Ausfallquoten in Innovationsprozessen. Von 100 ursprünglichen Ideen bleiben etwa vier übrig und werden ein Erfolg (Bild 7.3). Vergleicht man Ausfallkurve und Kostenkurve (Bild 7.4), wird deutlich, wie teuer überlebende Ideen sind und wie wichtig also auch die rechtzeitige Selektion ist. Ideenkiller sind selten selektiv und gerecht. Sollten sie einmal die sachgerechte Selektion von Ideen unterstützen, helfen sie Kosten sparen.

Stufen	verbleibende Ideen	Phasen	Ausfälle % pro Stufe	Ausfälle % der Vorstufe
– ursprünglich Ideen	100 %			
		Grobselektion	76	76
– nach Grobselektion	24 %			
		Vorstudien	12	50
– nach Detailanalyse	12 %			
		Entwickl./Tests	4	33
– Markteinführung	8 %			
		Markt	4	50
– Markterfolge	4 %			

Bild 7.3 Ideenselektion in Innovationsprozessen; Sterblichkeit von Produktideen (91 Unternehmen – ohne Chemie)

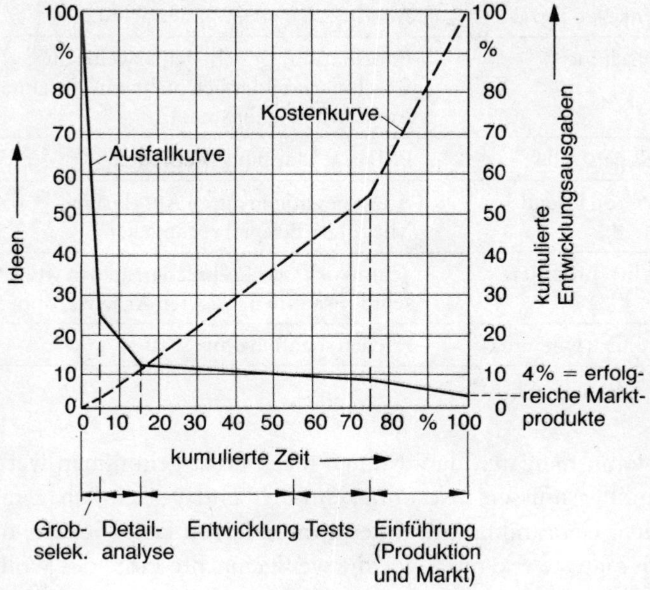

Bild 7.4 Ideenselektion in Innovationsprozessen; Ausfallkurve neuer Ideen und Kostenkurve

Was tun gegen Ideenkiller? Was tun für Ideen?

Einige Typen von Ideenkillern haben wir schon durchschauen können und damit automatisch Abhilfen gefunden.

Ideenkiller-Typ	Abhilfe z. B. («Anti-Killer-Schutz»)
Routine	Überraschungsbeweis in flagranti, Zähigkeit
Schwäche und Auswertefaulheit	Objektive, fehlerlose Dokumentation und gemeinsame Auswertung
Angst	Kooperativer Führungsstil, Recht auf Irrtum

Ideenkiller-Typ	Abhilfe z. B. («Anti-Killer-Schutz»)
Dorfschöne	Information, Gesichtsfelderweiterung: «Der Geschmack bildet sich nicht am Mittelmaß, sondern am Schönsten.»
Intelligenzfalle	PMI u. a. Mapping-Methoden
After You Friend	Angst beseitigen durch Aufklärung. Mit gutem Beispiel vorangehen
Not Invented Here	Teamwork: wechselnde Themen in wechselnd zusammengesetzten Arbeitsgruppen
Prisoner's Dilemma	Frieden schaffen ohne Waffen

Was kann man tun, damit junge Ideen ernst genommen werden? Ideenkiller müssen bekannt, kenntlich und verächtlich gemacht werden. Gebrandmarkte Killerphrasen haben keine Schärfe mehr. Wenn man sie erkennt – wie die weißgemachte Pfote des Wolfs im Märchen von den sieben Geißlein – können sie sogar Heiterkeit auslösen und vollkommen wirkungslos werden. Das gilt aber nur für die heilbare gutartige Sorte der Ideenkiller. Die aus Angst oder Aggressivität geborenen sind besser an der Wurzel zu bekämpfen. Bei richtigem Verhalten – vertrauensvoll wie bei «Prisoner's dilemma» – sollten sie gar nicht erst entstehen. Nachfolgend einige Ratschläge für ideenfreundliches Verhalten:

- ☐ Verantwortung an Mitarbeiter (inkl. Gestaltungsspielraum) delegieren,
- ☐ entscheiden und Ziele setzen – nie ohne Mitarbeiter vorher zu hören,
- ☐ fremdes Recht auf Irrtum anerkennen,
- ☐ eigene Erfahrung nicht überschätzen,
- ☐ Zeit und Geduld zum Zuhören aufbringen,
- ☐ umfassend informieren und damit zu Ideen anregen,
- ☐ Ideen von Mitarbeitern wohlwollend unterstützen, loben,
- ☐ Mut machen zum unkonventionellen Denken.

Als positiver Ausklang empfiehlt sich folgende Ermunterung von H. Suter [5]:

«Schöpferisch sein dient doppelt: einmal der Allgemeinheit und dann dem einzelnen. Es bedeutet, anderen voraus zu sein, heißt zu ahnen, was kommt, was die Welt ein wenig verändern wird. Schöpferisch sein schenkt denn auch Erkenntnisse, verlangt Können und Bewährung, verleiht Macht, gibt Geld, spendet Glanz, erzeugt Resonanz und Befriedigung, Reflexion bei den Menschen! Widerhall! Und braucht weder Krieg noch Gewalt!

Kreativer Nonkonformist oder Akklamateur und Konsument von Innovationen zu sein, das berührt eine Grundfrage unseres Lebens. Der Passive wartet, der Aktive wendet sich der Aufgabe zu und geht sie an. Und mit der Entscheidung für eine dieser Positionen trifft jeder eine grundsätzliche Wahl seines Lebens.»

Herr Roggensack macht Brainstorming

von Harald Körke

Die Firma, in der Herr Roggensack arbeitet, paßt in die Zeit. Allem Neuen gegenüber ist man aufgeschlossen, solange es sich bewährt hat. Das sieht man auch daran, daß dort Probleme durch Brainstorming gelöst werden. Beim Brainstorming kann jeder sagen, was ihm gerade in den Sinn kommt. Herr Roggensack sorgt in diesem Fall nur dafür, daß es nicht ausufert. «Lieber ein bißchen weniger Brain als zuviel Storm», sagt Herr Roggensack. Für seine Bonmots ist er bekannt.

Die Firma, in der Herr Roggensack arbeitet, stellt Bonbons her. Herr Roggensack hat ein besonders saures Bonbon selbst erfunden. Er war ein Senkrechtstarter. Er hat es gewissermaßen in zäher Arbeit aus dem Boden gestampft und ihm sodann das Leben geschenkt. Das ist nicht vielen Menschen vergönnt. Manche nennen ihn deshalb den Vater des supersauren Bonbons. In einem solchen Fall pflegt Herr Roggensack bescheiden lächelnd abzuwehren. «Aber meine Herren», sagt er, «wir sind alle nur ein winziges Rädchen im großen Bonbonbetriebe».

Dann stecken die anderen die Köpfe zusammen und sagen: «Die wirklich Großen erkennt man an ihrer Bescheidenheit: Einstein,

Beethoven, Max Schmeling». Nun weiß Herr Roggensack, daß er eine Fliege mit zwei Klappen geschlagen hat.

Unlängst jedoch hat ein Einbruch beim Supersauren stattgefunden. Der Umsatz ist rückläufig. Weder als Vater noch als leitender Mitarbeiter kann Herr Roggensack so etwas untätig mitansehen. Deshalb sitzt man jetzt beim Brainstorming. Herr Roggensack hat noch einmal die Geschichte des Supersauren zusammengefaßt. Wie es unter Geburtswehen das Licht der Welt erblickte, wie es seiner Zeit den Bonbonstempel aufdrückte. Wie man bei der Konkurrenz in Panik geriet, weil das Supersaure ihr unbekümmert ins geschäftliche Hinterteil trat und sie dabei mitten ins Herz traf. Das alles weiß Herr Roggensack gekonnt zu schildern. Der Atem der Geschichte weht seine Zuschauer an, sie fühlen sich von seiner Leidenschaft mitgerissen. Welch ein Mann!

Nun aber wird es ernst, und man beginnt mit dem Brainstorming. «Vielleicht ist das Produkt zu teuer», sagt der dicke Dotterei. Dotterei kommt aus der Produktion; das sind so die richtigen Würfelzuckerzähler, denkt Herr Roggensack. Er spürt einen Zorn in sich aufsteigen, irgendwie kommt ihm das wie ein persönlicher Angriff vor. Dennoch beherrscht er sich. Er bringt es sogar fertig zu lächeln, doch wie's da drinnen aussieht, geht keinen was an. Natürlich ist das Produkt nicht zu teuer. Als Vater weiß er das, und der dicke Dotterei spürt undeutlich, daß er sich zu weit vorgewagt hat. Gefährlich ist's, den Leu zu wecken. Zu spät.

Auch die Verpackungsgröße stimmt, widerspricht Herr Roggensack der nächsten Brainstorming-Brise. Er hat die kleinste Einheit gerade auf ein Kilo heraufgesetzt, Familiengroßsparvorteil-Pakkung hat er das genannt. Der Bienenbichler von der Karamellen-Abteilung soll bloß aufpassen, was er sagt. Das nächstemal hau ich ihm seine Sahnebonbons mit Mandelsplittern um die Ohren, denkt Herr Roggensack und verspürt eine Vorfreude, die ihn versöhnlich stimmt. So geht das Brainstorming weiter. Es kommt eine Reihe beachtlicher Vorschläge. Zu verwirklichen ist jedoch keiner, denn niemand hat die Hand so sehr am Puls des Supersauren wie Herr Roggensack. Schon gar nicht der schnöselige Assistent, der da doch einfach sagt: «Vielleicht müßte man den Geschmack ändern».

Sagt der so einfach, dieser Lümmel. Da sieht man, wohin

Brainstorming führen kann, wenn solche Nihilisten mitmachen. Dabei ist der noch nicht einmal trocken hinter den Ohren. Den Geschmack des Supersauren verändern, oho!, da könnte ja jeder kommen, eines Tages werden sie noch dem lieben Gott ins Handwerk pfuschen. Herr Roggensack beschließt, den Blasphemisten in die Kakaorösterei abzuschieben.

Langsam verebben die Gehirnstürme. Herr Roggensack spürt, daß man auf seinen Brainstorm wartet. Darauf hat er sich lange vorbereitet. Er wird jetzt spontan sein und sagen: «Vielleicht ist der Einbruch nur vorübergehend. Wir sollten», er macht eine spontane Pause, in der er nach dem richtigen Wort sucht, «zunächst einmal abwarten». Erleichterung macht sich auf allen Gesichtern breit. So, ja so zerschneidet man den gordischen Knoten. So muß es damals gewesen sein, als Kolumbus das Ei, Sie erinnern sich? Man drängt sich um Herrn Roggensack, um ihm die Hand zu schütteln. Dann geht Herr Roggensack nach Hause. Im Auto lutscht er ein Supersaures. «Mein Kind», denkt er zärtlich und dreht es mit der Zunge um, «mein Sohn». Plötzlich spürt er, was Unsterblichkeit ist.

[Quelle: Henkel-Blick, Dezember 1980]
(Mit freundlicher Genehmigung der Redaktion)

Kapitel 8

MAPPING-VERFAHREN – EXPLORATION NACH DE BONO

Bevor entschieden wird, sollte einerseits der Rahmen abgesteckt sein, in dem entschieden wird (siehe [3] Kapitel «Zieldefinition») sowie andererseits Alternativen mit Informationen zu deren Beurteilung vorliegen (siehe [3] Kapitel «Kreativität»). Bevor Erze oder Öl gefördert werden, wird exploriert. Und so steckt auch der Problemlöser und Entscheider den «Claim» auf der Karte ab, in dem er möglichst effektiv tätig werden möchte.

Da Entscheidungen unmittelbar oder mittelbar Mitmenschen betreffen, gehört zu einer vollständigen Landkarte des Entscheidungsumfelds auch deren mögliche Einflußnahme. Manche Entscheidung wird nicht sachlich richtig getroffen, weil menschliche Einflüsse gar nicht berücksichtigt oder falsch eingeschätzt werden (siehe [3] «Ideenkiller, Entscheidung als Konfliktlösung»). DE BONO [24] hat für die Schulung des lateralen Denkens eine Reihe von kleinen Denkhilfen benannt, die wie ein Knoten im Taschentuch an vorzunehmende gedankliche Prüfungen erinnern sollen. Diese Denkrähmchen erhielten von DE BONO alle mnemotechnisch geschickt gewählte Namen und – vielleicht etwas übertrieben – den Status von Verfahren.

Diese Verfahren erscheinen trivial, und vor allem überschneiden sie sich. Daß sie hier erwähnt werden, verdanken sie dem kurzen Zeitbedarf (1 bis 3 Minuten), den Beispielen und dem Wert als Erinnerungshilfe zur Prüfung bestimmter Aspekte.

Ein wenig zweckentfremdet können folgende Verfahren hier zur Exploration sachlicher und menschlicher Einflüsse genannt werden:

APC = Alternatives, Possibilities, Choices
EBS = Examine Both Sides

ADI = Agreement, Disagreement, Irrelevance
PMI = Plus, Minus, Interesting
CAF = Consider All Factors
C&S = Consequence & Sequel
Logikblasen
OPV = Other Peoples Views
FGL = Fear, Greed, Laziness

APC = Alternatives, Possibilities, Choices

Ein jüdisches Sprichwort sagt: «Wenn es zwei Möglichkeiten gibt, wähle die dritte!»

In diesem Sinne soll APC die Anzahl der Wahlmöglichkeiten vergrößern. Denn Sicherheit ist manchmal nur Mangel an Vorstellungskraft.

Der Hauptzweck des Denkens ist Denken einzusparen. Dabei ist das Denken immer auf der Suche nach bekannten Mustern und bereits geschnürten Wissenspaketen. Sobald etwas Bekanntes gefunden wird, ersetzt Routine das Denken. Beispiel:

Nach Erreichen einer bekannten Straße braucht man keinen Stadtplan mehr, ja man muß nicht einmal mehr die Straßenschilder lesen.

APC schützt vor zu schnellem Einmünden in Routine, darf aber nicht übertrieben werden. Sonst wird Zeit verschwendet und unnötig gedacht.

EBS = Examine Both Sides

Der längst verstorbene elsässische Pfarrer Oberlin hat schon mit seiner Versöhnungstafel EBS betrieben. Und auch er war längst nicht der erste.

Die Versöhnungstafel bestand aus einer vertikal gefalteten Oberfläche, auf der abwechselnd streifenweise zwei Bilder untergebracht waren:

a) eine Henne und b) ein Vogelnest. Der Bildaufbau war

a_1 b_1 a_2 b_2 a_3 $b_3 \ldots a_n$ b_n. Von links sah man a_1 bis a_n, von rechts b_1 bis b_n. Die Betrachter sollten anhand der zwei Bilder auf einem Gesamtbild die Vielseitigkeit der Schöpfung und die Möglichkeit anderer Standpunkte erkennen. Heute wird diese Technik auch dazu verwendet, auf Postkarten Damen in verschiedenen Bekleidungszuständen zu zeigen. Wahrscheinlich nicht mehr im Sinne von Pfarrer OBERLIN.

Etwas mehr im Sinne von DE BONO und noch mehr im Vorfeld einer Entscheidung ist EBS für die neutrale Geländeerkundung geeignet. Wichtig ist dabei das *neutrale* Beobachten.

Eine vorzeitige Bewertung des Beobachteten – also ein Verlassen des neutralen Standpunktes – ist eine schädliche Vorentscheidung, die der weiteren Erkundung im Wege steht. Verfrühte Beurteilungen können Furcht davor auslösen, daß durch intensiveres Nachdenken noch mehr gute oder gar zu viele Argumente für die andere Alternative, bei Verhandlungen für die Gegenseite gefunden werden. Sollte es wirklich schlecht für eine Alternative oder Partei stehen, ist es immer noch besser, das am Ende des EBS zu erfahren als im Entscheidungsgremium oder bei der Verhandlung.

Ein Beispiel für EBS aus der Chemie: In der Forschung wurde ein Verfahren entwickelt, aus Olefinen unter Abspaltung eines C-Atoms Säuren herzustellen. Aus den in der Natur vorkommenden und deshalb preiswerten geradzahligen Olefinen (z.B. C_{16}) entstehen so ungeradzahlige Fettsäuren (z.B. C_{15}). Diese sind seltener und teurer, aber es gibt z.B. nur wenige C_{13}-Anwendungen, die sich nicht auch mit einer C_{12}- oder C_{14}-Säure erfüllen ließen. Außerdem sind die ungeradzahligen Fettsäuren biologisch nicht abbaubar. Damit schien das schöne neue Verfahren gestorben zu sein. Der Nachteil der mangelnden Abbaubarkeit kann aber zum Vorteil umschlagen, wenn Abbaubarkeit gar nicht erwünscht ist (EBS). Straßenmarkierungsfarben – man denke an Zebrastreifen oder die weißen Mittelstreifen – sollen möglichst nicht abbaubar sein. Das Patent DE 2906844 beschreibt den Einsatz von Monocarbonsäuren C_8-C_{20} zur Flexibilisierung des Bindemittels Epoxymethacrylat in solchen Farben. Bisher wurden aus Preisgründen Gemische verwendet, in denen die geradzahligen Carbonsäuren weit überwiegen.

Neutral, objektiv und konstruktiv vorgenommenes EBS ist nicht leicht, aber lohnend, weil das wirkliche Entscheidungsfeld sichtbar wird. Nach EBS bietet sich ADI oder PMI an.

ADI = Agreement, Disagreement, Irrelevance

ADI macht das durch EBS abgesteckte Entscheidungsfeld durch Gruppenbildung übersichtlicher und ist versöhnlich. Zunächst sammelt man Übereinstimmendes und schafft aufgrund zahlreicher Übereinstimmungen eine harmonische Ausgangsbasis.

Nun wird die Nichtübereinstimmung auf das Wesentliche zurückgedrängt, indem das Unwesentliche auch noch abgetrennt wird. So kann klarer verhandelt und sauberer entschieden werden. Die Gefahr, daß Zeit, guter Wille und klarer Blick beim Streit über Unwesentliches verschwendet werden, wird mit ADI minimiert. Falls Verhandlungsparteien schon von vorneherein stärkere Gegnerschaft erkennen lassen, ist es besser, wenn jede Partei ihr eigenes ADI betreibt. Auch wenn eine Seite dies ablehnt, kann die andere Seite ADI alleine zur Klärung betreiben und das Ergebnis der anderen Seite vortragen.

Die ADI-gestützte Partei dürfte davon profitieren, indem sie

- ☐ durch Offenlegen von Alternativen Fairneß zeigt und das Klima verbessert,
- ☐ durch Strukturierung der Alternativen eine Gliederung vorgibt und damit fast automatisch führt,
- ☐ durch intensivere Beschäftigung mit den Alternativen selbst klarer entscheiden kann, aber auch die andere Partei davon abhält, auf Unwesentlichem zu beharren.

PMI = Plus, Minus, Interesting

Das bei ADI Gesagte gilt analog für PMI. Nur ist PMI viel weiter gefaßt und bezieht sich nicht nur auf Standpunkte von Personen. PMI kann ordnen wie ADI, aber auch Terrain vergrößern wie EBS und OPV. PMI kann man zum Ordnen von Alternativen verwenden, wenn eine Entscheidungssituation noch sehr undurchsichtig scheint. Aber Hauptzweck von PMI ist im Gegenteil die Überprüfung von Sicherheit und von Vorurteilen, bevor womöglich falsche Entscheidungen gefällt werden. Einer der gefährlichsten Fehler unseres Denkens ist der, daß es sich ausschalten möchte, sobald eine Routine in Sicht ist (siehe APC), sobald auf ein früheres Urteil zurückgegriffen werden kann. Das kann ein erster Eindruck, oberflächliches Andenken, Tradition oder ein richtiges Vorurteil sein. Je intelligenter Menschen sind, um so eher stolpern sie auch in die Intelligenzfalle.

Mit Intelligenzfalle ist gemeint, daß kluge Leute, dazu noch redegewandt, ihren Standpunkt hervorragend verteidigen können. Es hat kaum Zweck, eine Erklärung des Standpunktes zu fordern. Wenn aber von anderen zu oft auf eine Erklärung verzichtet wird, verführt dies im Lauf der Zeit zu der Denkweise: Wenn ich recht habe und dies anderen beweisen kann, warum eine neue Erkundung? Mit PMI läßt sich die Intelligenzfalle umgehen. Man kann jemand, der ein Vorurteil zu haben scheint, der einen Vorschlag abgewiesen hat, darum bitten, ein PMI vorzunehmen, d.h. insgesamt zwei bis drei Minuten P's, M's und I's zu erkunden. Normalerweise wird der (die) Gebetene dazu bereit sein, denn er oder sie soll ja nicht seine (ihre) Meinung umkehren, und meint, das PMI könne den eigenen Standpunkt nur untermauern.

Oft kommt das Gegenteil heraus, und das ist das Gute an PMI: Intelligenz dient nicht zur Stützung eines Vorurteils, sondern zur Erkundung. Danach mögen Emotionen und Gefühle zur Entscheidung hinzugezogen werden. Aber dann stören sie die Exploration nicht mehr. Denn was einmal ans Licht gebracht wurde, verschwindet nicht einfach, sondern wird berücksichtigt.

Die zwei Anfangsschwierigkeiten bei PMI sind:

1. Nur beobachten und sammeln; nicht sofort urteilen
2. *Nacheinander* P, M, I durch inneren Standortwechsel beobachten und sammeln; nicht wahllos registrieren und danach sortieren

Wie PMI funktioniert, macht DE BONO mit dem Vergleich von zwei Ärzten anschaulich:

- □ Der eine kommt eiligen Schrittes, untersucht kurz, stellt aufgrund großer Erfahrung schnell eine unumstößliche Diagnose und strahlt starkes Selbstvertrauen aus.
- □ Der andere untersucht langsamer, entwickelt die größtmögliche Anzahl von Alternativen, schließt davon einige durch Tests aus, kommt schließlich zu einer unentschlossenen Diagnose und behandelt so, daß im Falle einer falschen Diagnose möglichst kein Schaden entsteht.

Der 1. Arzt wird von den Patienten wahrscheinlich als viel besser eingeschätzt, obwohl sie intellektuell zugeben müssen, daß auch ein möglicher grober Fehler von Selbstbewußtsein getragen würde. Das schnelle Leben diktiert ein Denken nach Art des 1. Arztes, dauerndes Zaudern verhindert Aktionen. Das übliche Denken sondert aus und geht in Richtung Gewißheit, Sicherheit und Arroganz. Der 1. Arzt ist sympathisch, aber eventuell gefährlich. Der 2. Arzt ist unerwünscht, aber evtl. besser. PMI, auch APC, wirken wie der 2. Arzt: zeitraubend bei Standardproblemen, vielleicht rettend in schwierigen Fällen.

Wie macht man PMI?

Was fällt unter *P*? Wir setzen uns eine «positive» Brille auf und suchen nach etwas Positivem im Zusammenhang mit der betrachteten Alternative. Wem die Alternative mißfällt, der wird zunächst nichts Positives sehen. Aber dann siegt hoffentlich der Wunsch, P regelgetreu anzuwenden, und damit wieder auch der Ehrgeiz, etwas Positives zu finden, und sogar möglichst viel.

Dann tauschen wir die «positive» Brille gegen eine «negative» aus, um *M*inuspunkte zu sammeln.

Negatives zu finden ist leicht, denn wir sind ja gewohnt, Fehler zu suchen und aufgrund von Schwächen auszulesen. Nachdem wir aber schon viel Positives aufgezählt haben, sind wir im Negativen etwas gehemmter. Da wir bei PMI aber nicht urteilen, sondern nur registrieren, muß es keinen Widerspruch darstellen, wenn eine Alternative sowohl unter + als auch unter – rangiert.

Das gilt immer bei Standortfragen, und bei P und M wechseln wir ja mit der Brille den Standpunkt.

Beispiele:

- □ Frankfurt ist im Norden von München, aber im Süden von Hamburg.
- □ Weiße Autos heizen sich im Sommer nicht so auf (+) und sind gut zu erkennen.
- □ Weiße Autos sind schmutzanfällig (–) und im Schnee schlecht zu erkennen (–).

Was reihen wir unter I ein? Hier fragen wir uns nicht, was leichter oder schwieriger, bequemer oder unbequemer, freier oder beschränkter, P oder M wäre, sondern wir sind neugierig. «Es wäre interessant zu sehen, ob ...» ist der Standardanfang für die I-Beiträge, ob etwas funktioniert, etwas Zusätzliches bietet, angenommen wird, sich verändert, wenn...

Das heißt, I ist etwas für Leute mit Erfahrung und Fantasie. Im Rahmen von I kann am ungestörtesten exploriert werden. I ist die kreative Komponente des PMI und sorgt zum Abschluß der Suchfeldfestlegung und vor der Entscheidung noch einmal für frische Luft.

CAF = Consider All Factors

Logic bubbles und «OPV = Other Peoples Views» und «CAF = Consider All Factors» sind einander ähnliche Mapping-Methoden, die sich mit EBS und ADI überschneiden.

Dabei ist CAF besonders breit angelegt und wegen der zu geringen Eindringtiefe m. E. auf dem schwachen Niveau der Frage vor Urlaubsantritt «Haben wir auch nichts vergessen?». Anstelle von CAF verwendet man besser Checklisten (siehe [3]). Diese Checklisten müssen aber auch erst einmal und irgendwie zusammengestellt werden und sollen möglichst vollständig sein.

Unser suchendes Denken springt von Punkt zu Punkt wie von Insel zu Insel, und die Punkte sind logisch verknüpft wie die Inseln durch Stege, Dämme, Furten.

Ein gutes CAF würde dieses Springen vermeiden und dafür das Suchgebiet systematisch durchgehen (Scan).

C&S = *Consequent & Sequel*

C&S ist gewissermaßen eine Unterabteilung von CAF. Alle Faktoren berücksichtigen heißt natürlich nicht nur, keine Alternative zu vergessen, sondern auch die Folgen für die Alternativen zu bedenken. C&S ist der Knoten im Taschentuch, der an die Zukunft denken hilft. Allzu leicht verbrauchen Tagesprobleme unsere ganze Zeit und lassen wenig Raum für Folgenabschätzung und Prognoseversuche. Außerdem lauern vor dem Guckloch in die Zukunft auch wieder Ideenkiller:

- «Wir sollen wissen, was jetzt passiert. Die Zukunft kommt automatisch.»
- «Wenn wir jetzt fleißig arbeiten, muß die Zukunft rosig sein.»
- «Prognosen sind immer falsch. Niemand hat die Ölkrisen, die Faserkrise, den Börseneinbruch am Tage X, die Energieeinsparung, den Fall der Mauer richtig vorausgesagt.»

Das englische Wort: «Forecasting is difficult, especially if it deals with future» ist nicht mehr so destruktiv und deshalb hilfreicher. Die Zukunft ist zu wichtig, als daß man sich einfach nicht um sie kümmerte, nur weil das schwierig ist.

Zum Glück findet jetzt ein großes Umdenken statt. Umweltschutz und Zukunftsdenken hängen eng miteinander zusammen.

Hierzu wieder ein Beispiel aus der Chemie: Ein Füllstoff wird durch Säurezusatz aus einer alkalischen Lösung ausgefällt. Die alkalische Lösung wird dadurch neutralisiert, d.h. zu einer Salzlösung. Diese Salzlösung ist ungiftig und darf verdünnt in einen Fluß abgelassen werden. Somit gäbe es eigentlich kein Problem. Trotzdem macht sich der Füllstoffhersteller Gedanken, wie er den Salzanfall verringern oder ganz vermeiden kann oder wie man aus dem anfallenden Salz durch chemische Umarbeitung ein anderes produzieren kann, das sich verkaufen läßt. Dieses auf Umwegen hergestellte neue Produkt wird garantiert teurer als das direkt gefertigte. Das wird bewußt in Kauf genommen, denn heute optimiert man nicht mehr einzelne Verfahren, sondern ganze Systeme. Ein kostenminimiertes Verfahren ist nicht optimal, wenn dabei Nebenprodukte anfallen, deren Entsorgung teuer ist oder werden kann. Ein nicht ganz billiges Verfahren kann optimal sein, wenn es keine Nebenprodukte gibt.

Verfeinerte Prognosetechniken haben die Extrapolation mit dem Lineal abgelöst. Einsicht über erzielbare Genauigkeiten hat dazu geführt, daß Wachstumsraten ganzzahlig oder verbal (hoch, niedrig ...) ausgedrückt werden können. Der think tank von Shell und andere verzichten sogar ganz auf quantitative Prognosen zugunsten von Szenarien. Szenarien, also Bühnen oder Puppenstuben, können Zusammenhänge viel klarer zeigen.

Bei mehreren Szenarien kann man das plausibelste auswählen oder die bestmöglichste und ungünstigste Entwicklung (damit die Streubreite) leichter erkennen.

Schließlich empfiehlt sich bei C&S eine Tiefenstaffelung nach Jahr:

jetzt (bis 1 Jahr im voraus),
kurzfristig (1 bis 5 Jahre),
mittelfristig (5 bis 20 Jahre) und
langfristig (über 20 Jahre).

Logikblasen

Die Methode Logikblasen möchte bildhaft darstellen, daß zwei Menschen Gegensätzliches tun können und trotzdem jeder für sich recht haben.

Aus der Sicht der eigenen Logikblase erscheint das Handeln des anderen manchmal unlogisch, dumm, uneinsichtig – und umgekehrt. Das leuchtet sofort bei Rollen für Schauspieler ein. Der Manager schmeichelt sich im allgemeinen, mehr Freiheit oder zumindest viel Freiheit in der Auslegung seiner Rolle zu besitzen. Wie steht es aber z.B. mit den Manager-Rollen Innovator und Ideenkiller? Beide verstehen sich jeweils als Helden und den Antagonisten als Bösewicht. Der Innovator bringt mit seiner Innovation Unruhe und bedeutet ein Risiko für die Firma, wenn die Innovation nicht gelingt.

OPV = Other Peoples Views

Will man auch OPV aus der Trivialität befreien, ist ein Spaziergang unter die Oberfläche nötig, wofür hier nicht der richtige Ort ist. Die Ansichten von Menschen basieren auf Grundwerten, Erfahrungen und Gefühlen. de Bono unterscheidet z.B. vier Typen von Werten:

- ☐ egoistische (me),
- ☐ altruistische (mates),
- ☐ moralische,
- ☐ humanistische (mankind).

Man kann auch zunächst nur nach hohen Werten (die Aktionen bestimmen) und weniger bedeutsamen Werten (die immerhin berücksichtigt werden müssen) unterscheiden. Schließlich kann man die verborgenen Werte auf ihre Echtheit hin abklopfen, indem Entscheidungsalternativen danach beurteilt werden, was sie für Befürchtungen (*F*ear), Begierden (*G*reed) und Bequemlichkeiten (*L*aziness) mit sich bringen. Aber damit hätten wir schon wieder eine neue Unterverzweigung in de Bonos Methoden-Netz erreicht, die Methode FGL. Aus der Befürchtung (F) heraus, Mapping könnte zum Selbstzweck werden und Begierden (G) auf weitere Bequemlichkeiten (L) wecken, verlassen wir es hier.

Kapitel 9

INFORMATION – WAS MAN GEWINNEN KANN, WENN MAN SIE NEGIERT ODER VERDOPPELT

Noch nie gab es so viel Information wie heute. Wir leiden schon an einer Überfülle, haben unsere Last mit dem Ballast. Mit Information über Information, also Sekundär-, Tertiärinformation und noch weitergehender ordnender Verallgemeinerung versuchen wir, die uns interessierende Information herauszuschälen. Diese ausgesuchte Information muß schließlich noch durch Gegenüberstellung mit der Wirklichkeit auf Wahrheit geprüft werden, und erst dann ist sie wichtig. Wichtige Information ist die Grundlage unserer Entscheidungen, und wichtige Information gibt es auch heute nicht zu viel, sondern meist zu wenig.

Information hat im Gebrauch Doppelcharakter als

- □ (ordnendes) Werkzeug und
- □ Wissen + Ballast.

Das Wissen kann einen Sachverhalt, eine Beziehung zwischen verschiedenen Dingen, eine Nachricht, ein Naturgesetz und vieles mehr enthalten. Information als Wissensinhalt klingt uns auch nicht fremd. Wohl aber der Werkzeugcharakter. Dies ist der Ausgangspunkt für zwei Fragen, denen wir nachgehen wollen:

Können wir neue Einsichten gewinnen und Probleme lösen, wenn wir Information

1. durch Umkehren negieren oder
2. verdoppeln?

Umkehrung der Information

Umkehrung als Erfinderprinzip

Die Umkehrung ist ein bewährtes Erfinderprinzip: Aus dem ptolemäischen Weltbild wurde das kopernikanische, aus dem Flugzeug der Hubschrauber, aus dem Ventilator der Staubsauger, aus der Wassermühle der Schaufelraddampfer.

Man kann die Umkehrung noch weiter treiben und auch die Umkehrung umkehren. So entsteht aus der Negation der Negation eine neue Position. Auch hierzu ein Beispiel:

Vor Gutenberg mußte der Text für jede Druckseite eines Buches in einen Holzblock geschnitzt werden. Gutenbergs Erfindung der beweglichen Lettern revolutionierte den Buchdruck, wie man weiß. Heute wird vielfach wieder ganzseitig gedruckt, z. B. beim Lichtdruck. Und auch diese, die zweite Negation, bringt wieder große Einsparungen. Die Negation der Negation kann also spiralförmig wieder zur alten Position zurückführen – nur auf höherer Ebene. Diese Beobachtung führt zum Begriff Innovationsspirale [3], (Bild 9.1).

Die Fotografie kennt die Negation der Negation schon lange und sogar in zweifacher Hinsicht. Einmal wird durch Kopieren oder

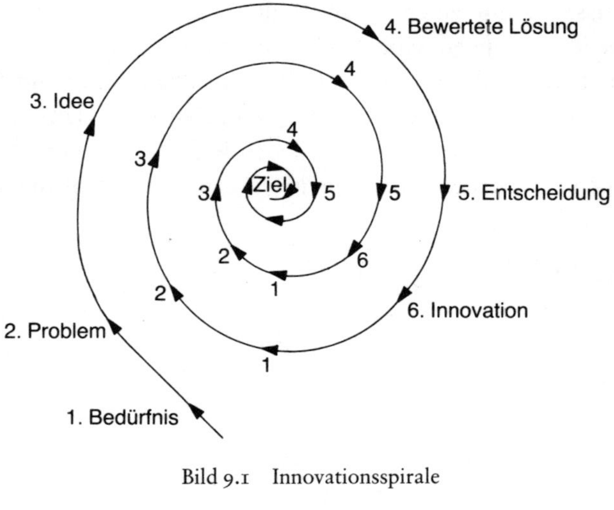

Bild 9.1 Innovationsspirale

Vergrößern ein Negativ eines Negativs, das wir richtig Positiv nennen, hergestellt. Zum anderen sind unsere Diafilme Umkehrfilme. Die Dias entstehen erst durch eine 2. diffuse Belichtung im Labor, haben also auch zweimal Licht bekommen wie ein Papier-Positivbild.

Negation der Negation im Mikroskop

Die Negation der Negation spielt sich auch – für uns unsichtbar – im Mikroskop ab. Im Tubus des Mikroskops entsteht latent ein Beugungsbild, das – nochmals gebeugt – das Objekt (vergrößert) zeigt. Nach ERNST ABBÉ gibt das Beugungsbild eines Beugungsbildes eines Objekts das Objekt selbst wieder.

Hiervon ausgehend kann man auf die Idee kommen, den sich im Mikroskop unsichtbar abspielenden Vorgang sichtbar in zwei Teile zu zerlegen – also erst ein Beugungsbild herzustellen und davon wieder eines. Wenn dieses zweite Beugungsbild dann das Objekt wiedergäbe, wäre die Idee richtig. Sie ist tatsächlich richtig, wie TAYLOR und andere [35; 36] experimentell bewiesen haben.

Mit einer schönen und richtigen Idee kann man nun schwierige Probleme elegant lösen. Während diese Idee selbst als *Problemlösung durch Zerlegung des Problems* bezeichnet werden kann (step by step), läßt ihre Anwendung die Aufzählung folgender Problemlösetechniken zu:

- ☐ Analogieschluß,
- ☐ Vergrößern/Verkleinern,
- ☐ Herstellung eines Modells,
- ☐ grafische Darstellung,
- ☐ Projektion,
- ☐ Transformation.

Das muß wenigstens etwas erläutert werden, am besten mit dem Beispiel «Optische Transformationen».

Beugungsbilder existieren nicht nur latent im Mikroskop, sondern als Ergebnis von Röntgenuntersuchungen an Kristallen. Man nennt sie Fraunhofersche Diffraktionsbilder. Diese Beugungsbilder sind nicht ohne weiteres lesbar, sondern werden erst durch Fourier-Transformation, ein Rechenverfahren, verständlich. Die Fourier-Analyse berechnet gewissermaßen das 2. Beugungsbild, also das Objekt. Wenn man anstelle der Fourier-Transformation eine optische Transformation vornehmen kann, entfallen die Berechnungen, und die Ergebnisse sind direkt visuell erhältlich. Zwischen der Beugung der Röntgenstrahlen und der des sichtbaren Lichts besteht eine Analogie. So können die Röntgenbeugung und die Beugung des sichtbaren Lichts an vergrößerten Molekülmodellen in einfacher Weise verglichen werden. Eine optische Transformation ist definiert als das Beugungsbild einer Anordnung von Löchern, die ein Molekül repräsentieren. Die optische Transformation ist der Fourier-Analyse gleichwertig (Bild 9.2).

Optische Transformationen stellt man z.B. in einem Diffraktometer (Bild 9.3) oder in einem Schlierengerät mit einem Laser als Lichtquelle her. Das Molekülmodell – schwarz auf weiß gezeichnete/gedruckte Punkte – wird als auf 1 × 1 cm verkleinertes Negativ, auf dem die C-Atome als Löcher erscheinen, in den Strahlengang zwischen L_1 und L_2 (siehe Bild 9.3) gebracht. Das Beugungsbild wird bei F aufgenommen.

Auf dieser Analogie fußend, kann man noch einen Schritt weitergehen und gezielt Einflüsse auf Beugungsbilder untersuchen [37]. Das hat große praktische Bedeutung für die Beurteilung von Kunststoffen. Bei realen Polymeren kennt man üblicherweise weder den amorphen Anteil noch Art und Zahl der Gitterfehler. Das Röntgenbeugungsbild ist summarisch. Anhand maßstäblicher Lochmodelle kann man von perfekten Polymergittern, gefalteten Ketten, Kinken, Versetzungen und Leerstellen optische Transformationen herstellen. So läßt sich ganz rein der Einfluß einzelner Gitterfehler auf das Röntgenbild studieren. Umgekehrt kann man mit diesem Wissen aus den Röntgenbildern wieder auf die Gitterfehler schließen. Bild 9.4 zeigt Masken und Diffraktionsbilder von

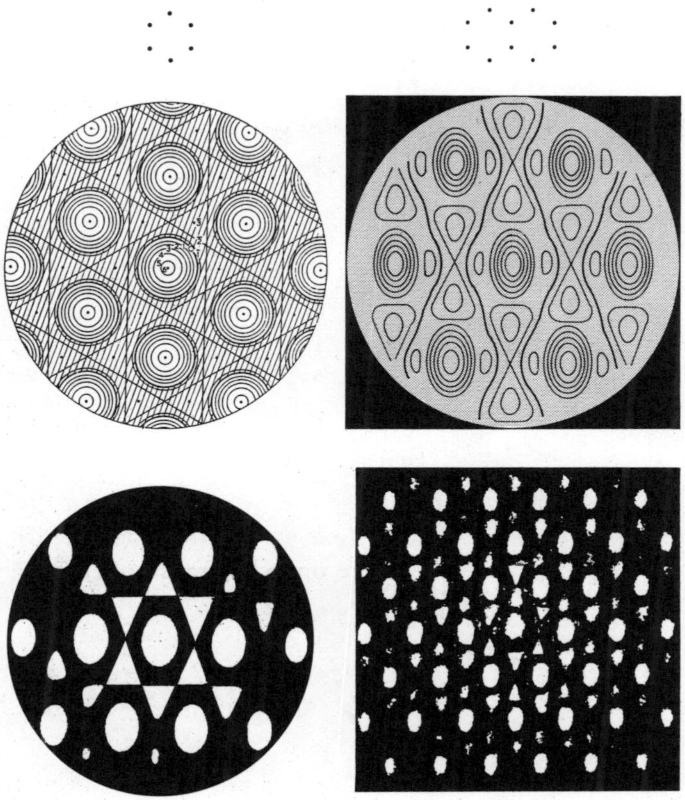

Bild 9.2 Masken und ihre Diffraktionsbilder
oben: Molekülmodelle
Mitte: Berechnete Diffraktionsbilder
unten: Fotografierte Diffraktionsbilder

definiert gestörten Polyethylengittern. Dabei zeigt sich, daß die Unterschiede im Diffraktionsbild stärker hervortreten, wenn die ersten Diffraktionsbilder D' als neue Beugungsmodelle behandelt werden. So erhält man das zweite Diffraktionsbild D" und in analoger Weise das dritte Diffraktionsbild D'". Zwischen Modell und D" sowie zwischen D' und D'" trat Ähnlichkeit auf. D" reproduziert hier aber nicht die Maske, weil durch das fotografische Zwischenbild D' (in das die Intensität, also das Amplitudenquadrat, eingeht) Verlust an Phaseninformation eintritt. In den

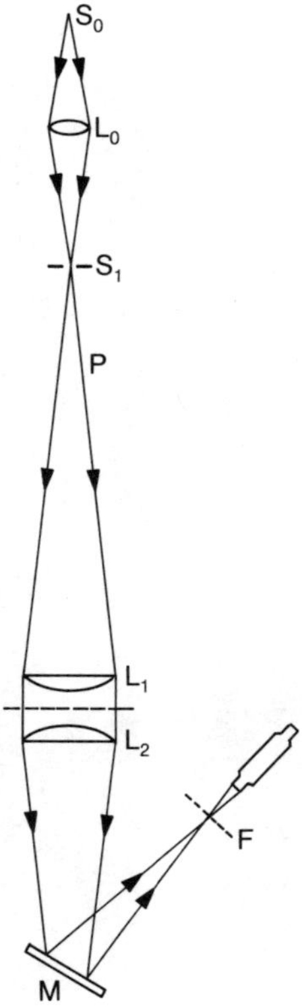

Bild 9.3 Diffraktometer nach TAYLOR und LIPSON [36; 37]

S_0	Lichtquelle	L	langbrennweitige Linsen
L_0	Kondensorlinse	M	Spiegel
S_1	Lochblende	F	Fokus- und Registrierebene

Diffraktionsbildern von der jeweils höheren Ordnung treten charakteristische Erscheinungen deutlicher hervor. So ist erst in D''' ein signifikanter Unterschied zwischen Kinken und Leerstellen festzustellen. Immerhin war die Herstellung mehrerer optischer Diffraktionsbilder weniger aufwendig als die Fourier-Auswertung von Röntgenbeugungsaufnahmen.

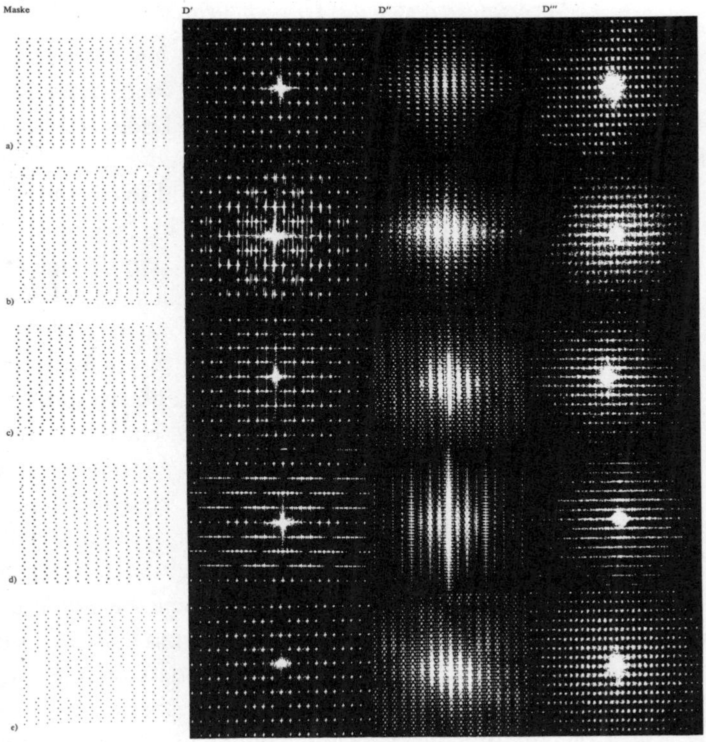

Bild 9.4 Polyethylengitter und ihre Diffraktionsbilder D', D" und D"' [3]
a) ungestörtes PE-Gitter
b) Faltungen
c) Kinken
d) Versetzungen ungestörter Reihen gegeneinander
e) Leerstellen

Bei Übereinstimmung des optischen Diffraktionsbildes eines zweidimensionalen Modells mit dem Röntgendiffraktionsbild eines Polymeren darf das Modell als eine der möglichen Strukturen des Polymerkristalls angesehen werden. Optische Transformationen – als ein Umkehrverfahren – stellen also eine einfache, aber wertvolle Hilfe bei der Strukturaufklärung realer Polymerer dar.

Vergrößern durch das Umkehrprinzip?

Vielleicht gibt es für die Zukunft eine besonders interessante Anwendung, die auf der Theorie von ABBÉ fußt. Nach ABBÉ ist ja jedes Bild das Diffraktionsbild eines Diffraktionsbildes von einem Objekt. Danach ist es möglich, Diffraktionsbilder von bereits vorhandenen Diffraktionsbildern anzufertigen und so das Original zu erhalten. Und nun folgt vielleicht der Sprung ins Neuland: Die Wellenlänge, bei der das 1. Diffraktionsbild (z.B. ein Röntgendiffraktionsbild) aufgenommen wurde, und die Wellenlänge, bei der daraus das 2. Diffraktionsbild (das Objekt) gewonnen wird, müssen nicht gleich sein. Es erscheint sogar sehr vorteilhaft, den Unterschied der verwendeten Wellenlängen möglichst groß zu wählen, da er Vergrößerung bedeutet. Wird z.B. ein Röntgendiffraktionsbild (1,54 Å) im sichtbaren Licht (5460 Å) transformiert, sollte man eine ca. 3500fache Vergrößerung des Originals erhalten. Bei der Verwendung von Zentimeterwellen zur Herstellung des sekundären Diffraktionsbildes wären Vergrößerungen von 10^8, also 100millionenfach, zu erwarten. Eine solche Vergrößerung konkurrierte mit der des Elektronenmikroskops und hätte überdies den Vorteil, das Original unverzerrt zu zeigen, da störende Energieeinwirkung auf das Objekt entfällt. Natürlich ist es bis dahin ein weiter Weg, da vorläufig die Herstellung kohärenter Röntgenstrahlung ein schwieriges Problem darstellt.

Verdoppelung der Information

Bringt es einen Nutzen, wenn man die gleiche Information doppelt besitzt? Wer auf diese Frage eine schnelle Antwort will, wird «nein» hören: Es genügt doch, etwas einmal zu wissen. Das gleiche zweimal ist einmal zu viel. Die bedachte Antwort lautet: «Ja, in einigen Fällen sogar viel». Dabei ist nicht einmal daran gedacht, daß es gut sein kann, eine Sicherungskopie zu besitzen oder bei Mehrfachnennungen im Verlauf von Befragungen eine höhere statistische Sicherheit. Es geht nur darum, die gleiche Information doppelt einzusetzen – mit Gewinn. Sehen wir uns zunächst einfache Beispiele an: Gitter.

Überlagerung von Gittern

Wenn man die Falten einer Gardine im Gegenlicht betrachtet, kann man dort ein Muster entdecken, wo sich der Stoff überlagert. Bei leichter Bewegung der Gardine bewegt sich das Muster viel stärker. Einen ähnlichen Effekt beobachten wir mitunter im Fernsehen, wenn die Krawatte des Ansagers mit dem Zeilenmuster des Fernsehschirms unverträglich erscheint. Schließlich kann man dem Effekt auch begegnen, wenn man mit dem Auto neben einer Brücke entlangfährt und die Stäbe des Brückengeländers sich gegeneinander zu verschieben scheinen. Dieser Überlagerungseffekt heißt Moiré-Effekt (frz. Seidenglanz). Um den Moiré-Effekt bequem am Schreibtisch untersuchen zu können, kann man zwei Taschenkämme übereinanderlegen. Liegen die Kämme deckungsgleich bzw. im rechten Winkel übereinander, gibt es kein Muster bzw. ein quadratisches Gitter. Erst wenn die Kämme unter einem Winkel von 45° oder kleiner aufeinanderliegen, erscheint eine Reihe neuer Linien – das Moiré-Muster. Je kleiner der Winkel (bis kurz vor 0°), um so größer wird das Muster (Bild 9.5).

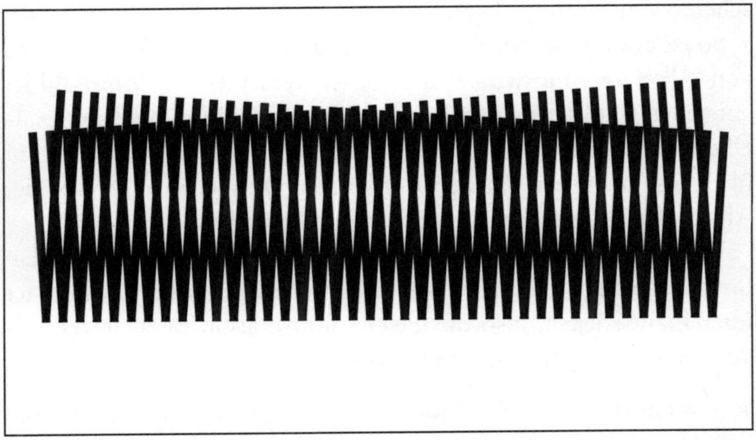

Bild 9.5 Überlagerung von zwei Kämmen (d.h. zwei identischen Linienrastern) unter einem kleinen Winkel

Schon in der Schule lernt man, daß eine Gerade im x-y-Achsenkreuz mit einer Gleichung

$$y = mx + c$$

beschrieben werden kann. Darin ist m der Anstieg der Geraden und c der Schnittpunkt mit der y-Achse. Alle Parallelen zu dieser Geraden unterscheiden sich nur im Wert von c von der Geraden. Außerdem wissen wir noch, daß man den Schnittpunkt zweier Geraden bestimmen kann, indem man die Gleichungen für diese beiden Geraden gleichsetzt. Der Schnittpunkt muß ja ein Punkt sein, an dem *beide* Gleichungen *gleichzeitig* gelten.

$$Y_1 = Y_2; \; m_1x + c_1 = m_2x + c_2$$

Bei der Überlagerung von Gittern haben wir nun

- □ erstens viele parallele Geraden und
- □ zweitens viele Schnittpunkte und
- □ damit den Schlüssel für eine

exakte mathematische Erklärung der Moiré-Bilder. Wir widerstehen aber der Versuchung, in dieser Richtung weiterzugehen, zumal sie bereits in [39] gründlich diskutiert wurde. Für unsere Zwecke genügt es zu wissen, daß jedes Moiré-Muster einen mathematischen Sachverhalt grafisch darstellt.

So ist es nun nicht mehr so verwunderlich, daß in Abhängigkeit vom Überlagerungswinkel der Gitter verschiedene Moiré-Bilder entstehen (Bild 9.6). Trotzdem erscheint uns Bild 9.6a als normale Überlagerung und nur Bild 9.6b als Moiré-Muster. Zu Unrecht übrigens, denn mit kleiner werdendem Winkel wächst nur der Abstand zwischen den Linien der Schnittpunkte.

Damit sind wir bei einer eingangs versprochenen Nutzanwendung angelangt. Indem wir zwei einfache identische Linienraster übereinanderlegen, also die gleiche Information doppelt verwenden, gewinnen wir eine Zusatzinformation:

1. Durch Messung des Abstands zwischen den schwarzen Balken kann man den Überlagerungswinkel der Linienraster bestimmen. So lassen sich sehr genau kleine Winkel einstellen.

a) b)

Bild 9.6 Überlagerung von zwei Linienrastern [39]
a) bei 45°
b) unter einem kleinen Winkel

2. Da bei kleinen Winkeln große Abstände zwischen den schwarzen Balken auftreten, sind solche Moiré-Bilder sehr empfindlich. Sie eignen sich dazu, kleinste Bewegungen oder Abweichungen von der Planlage zu registrieren.

Ausgehend von diesen beiden Nutzungsprinzipien kann man aus der Überlagerung von Rastern aber noch viel mehr gewinnen:

Erkennung feiner Halbtonraster/Justierung

Wenn ein Raster sehr fein ist und nur in leichtem Grauton auf eine transparente Folie gedruckt wurde, kann man es mit bloßem Auge nicht erkennen. Das Raster wird aber sehr schön sichtbar, wenn man eine zweite gleiche Folie leicht verschoben auf die erste legt (Bild 9.7).

Die Umkehrung dieser Anwendung ist ebenso möglich: Beim Drucken von Farbbildern auf Basis gerasterter Farbauszüge wird hohe Paßgenauigkeit verlangt. Bei kleinsten Abweichungen wird ein Moiré-Muster sichtbar. Wenn die Rastervorlagen genau übereinanderliegen, bleibt das Raster unsichtbar.

Bild 9.7 Überlagerung von zwei gleichen feinen Halbtonrastern, die einzeln mit bloßem Auge nicht erkennbar sind

Vortäuschen von Bewegung/Animation

Schon eingangs hatten wir beobachtet, daß eine kleine Bewegung der Gardine eine starke Veränderung des Moiré-Bildes bewirkt. Wenn man Bewegung darstellen möchte, z. B. Produktionsabläufe in einem Fließschema, Stofftransport, Stromfluß in komplizierten Schaltungen, Pumpen, Pulsieren, dann sind Moiré-Bilder zur Animation gut geeignet. Eine kleine Bewegung geeigneter Raster gegeneinander z. B. durch Bewegung des Beobachters selbst, durch Luftzug oder durch eine einfache Mechanik ergibt starke optische Effekte mit hohem Aufforderungswert. Deshalb ist es nicht verwunderlich, wenn die Werbung den Moiré-Effekt nutzt. Für ein Herzmittel wurde geworben, indem man ein Herzmodell kräftig pulsieren ließ. Dazu diente in der Umrißzeichnung des Herzens ein Muster wie etwa in den Bildern 9.8 b und 9.9 b gezeigt.

Bild 9.8 b ist das Moiré'Bild aus logarithmischen Spiralen, wie sie René Descartes, der französische Philosoph und Mathematiker (1596 bis 1650) entdeckt hat. Solche Spiralen kommen in der Natur vor, z. B. bei einigen Muscheln. Hier ist es ein Nest von 60 Spiralen. Die Spiralen entstehen durch Entfernung vom Mittel-

Bild 9.8a Logarithmische Spiralen nach René Descartes

Bild 9.8b Überlagerung von zwei Folien (Bild a) zur Demonstration von pulsierender Bewegung

punkt bei gleichzeitiger Rotation. Ihr Prinzip ist: Der Logarithmus der Entfernung vom Mittelpunkt ist dem Drehwinkel direkt proportional.

Eine Pumpbewegung liefert aber auch schon das Moiré-Bild aus strahlenförmigen Linienrastern (Bild 9.9). Dieses Raster besteht

Bild 9.9a Strahlenförmiges Linienraster

Bild 9.9b Überlagerung von zwei strahlenförmigen Linienrastern

aus je 120 schwarzen und weißen Strahlen, die jeweils einen Winkel von 1,5° überstreichen.

Grafische Rechenoperationen

Moiré-Bilder sind grafische Lösungen mathematischer und physikalischer Probleme. Deshalb kann man über sie differenzieren, integrieren oder logarithmieren. Bild 9.10 zeigt als Beispiel das Differenzieren. Durch Überlagerung eines Linienrasters mit gauß-

Bild 9.10a Linienraster mit gaußscher Dichteverteilung

Bild 9.10b Äquidistantes Linienraster

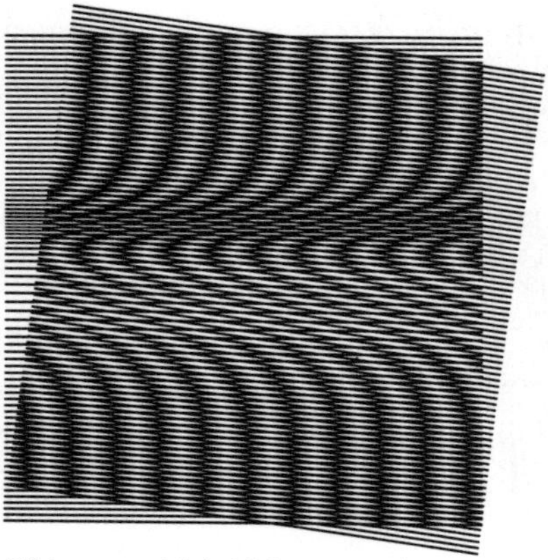

Bild 9.10c Moiré-Muster aus den Bildern a) und b): Gaußkurven

scher Dichteverteilung (Bild 9.10 a) und eines gleichmäßigen (äquidistanten) Linienrasters (Bild 9.10 b) erhält man als Moiré-Muster Gaußkurven (Bild 9.10 c). Überlagert man diese wiederum mit einem äquidistanten (diesmal etwas gröberen) Linienraster, erhält man ein neues Moiré-Muster. Dies zeigt für jeden Punkt der Gaußkurve den Anstieg, ist also deren erste Ableitung. Die Zusammenhänge werden in Bild 9.11 noch einmal zusammengefaßt und zeigen zugleich eine Anwendung für Diffusionsmessungen.

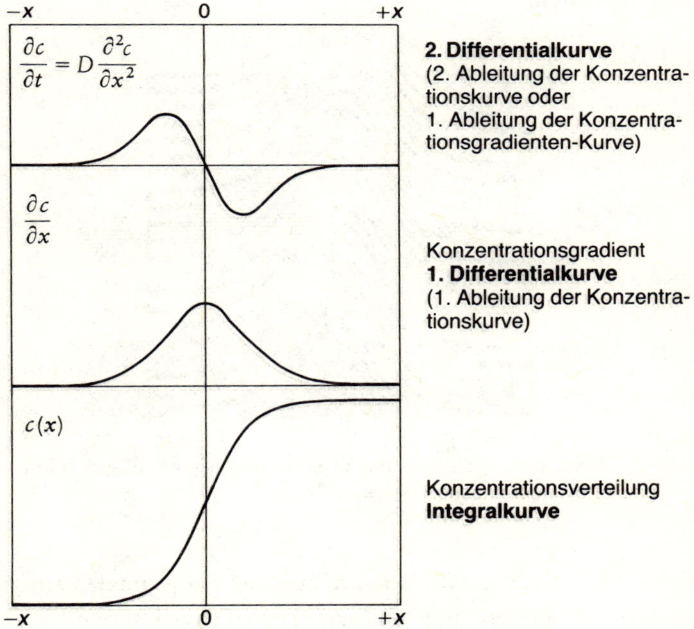

Bild 9.11 Diffusionskurven für die Diffusion von Molekülen aus einer verdünnten Lösung in das reine Lösungsmittel [40]
Raum −x: Lösungsmittel
Raum +x: verdünnte Lösung
0: Grenzfläche

Empfindlichkeitssteigerung von Diffusionsmessungen
Bei der optischen Messung der Diffusionskonstanten mittels Schlierengerät nimmt man Gaußkurven wie in Bild 9.11 Mitte auf und verfolgt sie zeitlich (Bild 9.12). Die Kurven sind zunächst steil und flachen infolge Konzentrationsausgleichs allmählich ab. Wenn man die Diffusion der Teilchen einer sehr verdünnten Lösung gegenüber dem reinen Lösungsmittel mißt, ist der Konzentrationsgradient von vornherein sehr klein. Folglich fällt auch die Gaußkurve sehr niedrig aus. Flacht sie schließlich ab, kann man sie kaum noch auswerten.

Bild 9.12 Interferenzaufnahme während der Diffusion von 0,3%iger Polystyrol-Lösung in Toluol

Flache Gaußkurven und auch schwache Sinus-Signale kann man mittels Moiré-Bildern aber sehr gut verstärken. Man überlagert sie einfach mit geeigneten Linienrastern und erhält eine starke Vergrößerung wie in Bild 9.13 gezeigt. So gelang es, den Meßbereich für die Diffusion hochverdünnter Lösungen um eine Zehnerpotenz auszudehnen [39; 40].

Schiebelehre/Nonius
Im Interesse der leichten Lesbarkeit konnten die vorausgehenden Beispiele nicht näher erläutert werden. So bleiben sicher Fragen offen. Für eine Vergrößerung durch Überlagerung von Rastern gibt

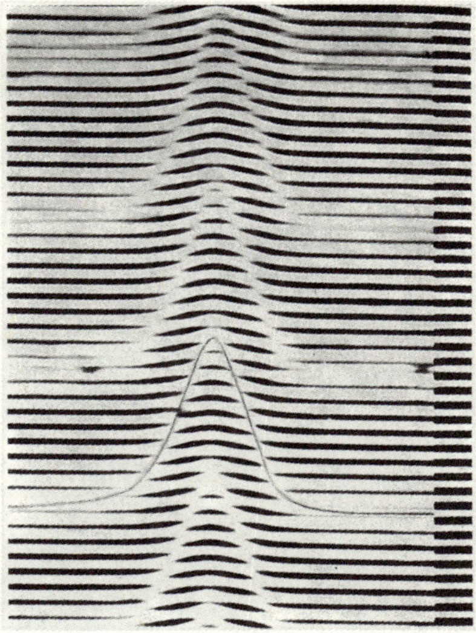

Bild 9.13 Vergrößerung flacher Gaußkurven mit einem Strichraster [40]

es aber auch ganz einfache und allen bekannte Beispiele. Wer kennt nicht den Nonius an Schiebelehre (Bild 9.14) und Mikrometerschraube?

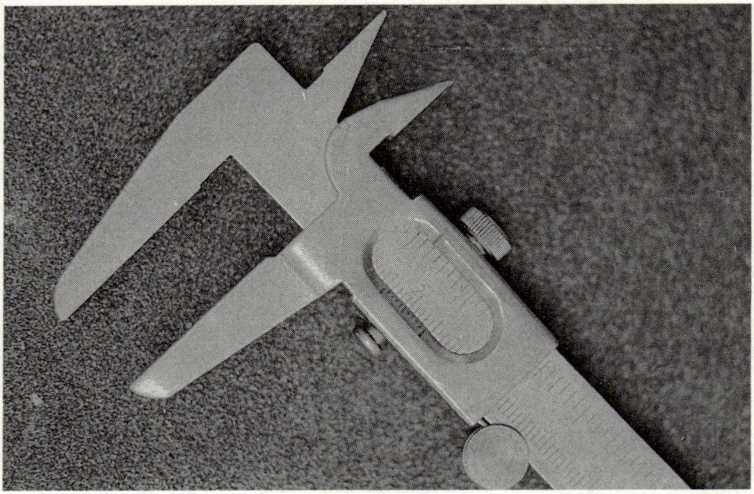

Bild 9.14 Der Nonius auf der Schiebelehre

Am Nonius gewinnen wir durch Überlagerung von zwei Skalen eine um eine Zehnerpotenz höhere Ablesegenauigkeit.

Zu dieser Binsenweisheit hat uns schließlich unsere lange Exkursion zu den Moiré-Anwendungen geführt. Die Aussage aber bleibt bestehen: Wenn man eine Information zweifach einsetzt, kann man eine neue Information hinzugewinnen.

Kapitel 10

INTUITIVES ENTSCHEIDEN, «ENTSCHEIDEN UNTER DER DECKE»

Methodisches Entscheiden scheint ehrenvoller, objektiver und sachlicher, aber sehr viele Entscheidungen werden doch intuitiv getroffen – vielleicht sogar die meisten und wichtigsten. Das muß man als Entscheider wissen, um sich vor Überraschungen zu schützen, um verborgene Entscheidungsmechanismen zu erkennen und schließlich sogar zu nutzen.

Verborgene Entscheidungswege lassen sich nutzen,

- ☐ indem man sie im Verborgenen läßt (z.B. Gesicht wahren lassen),
- ☐ indem man sie bewußt macht (z.B. enttarnen, entemotionalisieren)

oder indem man sie sogar auf die Stufe einer «ordentlichen» sichtbaren systematischen Methode hebt.

Dazu ist eine Begriffsklärung der Intuition nötig. Was ist Intuition? Nach Dudens Fremdwörterbuch ist Intuition die «unmittelbar ganzheitliche Sinneswahrnehmung im Gegensatz zum Beobachten von Einzelheiten; die Erkennung des Wesens eines Gegenstandes in *einem* Akt ohne Reflexion; Eingebung; ahnendes Erfassen».

Danach wäre eine intuitive Entscheidung z.B. als eine schnelle, ganzheitliche Entscheidung ohne *Nach*denken zu beschreiben.

Sozusagen: Entscheiden *unter* der *Decke*, wobei Decke die Schädel*decke* und unter das *Unter*bewußtsein meint.

Intuition ist Vernunft in Eile. HOLBROOK JACKSON

Intuitionen sind Träume, deren man sich erinnert. WALTHER RATHENAU

Intuitionen sind Oasen in der Wüste des reinen Verstandes. Kein Weg zu ihnen, der nicht durch die Wüste führt. HANS KUDSZUS

Wenn nach einer intuitiven Entscheidung überhaupt eine Endkontrolle erfolgt, dann natürlich wieder intuitiv, denn die einzelnen Entscheidungsgründe liegen ja nicht offen. Eine «gute» intuitive Entscheidung äußert sich mit einem «guten Gefühl» beim Entscheider.

Was steckt hinter Entscheiden durch Intuition?

Wir bewegen uns auf weichem Boden, aber noch muß niemand resignieren: In das Dickicht der intuitiven Entscheidungen lassen sich ein paar Schneisen schlagen. Solche wären z.B.:

1. Formulieren ist nicht Denken
2. Schummelverpackung (Tarnung der wahren Entscheidungsgründe vor anderen und sich selbst)
3. Latente Meisterschaft
4. Heureka – ich hab's!
5. Instinkt und das Gefühl im Bauch
6. Ästhetik und Stil
7. Ökonomie
8. Empfindlichkeit/Empfindsamkeit
9. Kurzatmiges Denken

Formulieren ist nicht Denken

Alle kennen Beispiele dafür, daß jemand schnell und sicher entschieden hat, nach seinen Entscheidungsgründen befragt, jedoch zögert, überlegen muß, ja sogar errötet, schwitzt oder stottert.

Wie kann man das erklären? Vielleicht einfach damit, daß Denkzentrum und Sprachzentrum räumlich voneinander getrennt sind, wie z.B. in einem Datenverarbeitungsbetrieb Rechenzentrum und Ausgabe.

Man weiß auch vom Lernen: Wer einen Sachverhalt gut verstanden hat, kann ihn noch lange nicht sinngemäß wiedergeben.

«Gesagt ist nicht gehört,
gehört ist nicht verstanden,
verstanden ist nicht einverstanden,
einverstanden ist nicht durchgeführt,
durchgeführt ist noch lange nicht beibehalten». K. LORENZ

Denken ist schnell und flüchtig. Andererseits wird über die Verbalisierung mancher Gedanke erst lebensfähig, «über die langsame Verfertigung der Gedanken beim Reden» ein anderer erst geboren. Etwa nach dem bekannten Wort: «Wie soll ich wissen, was ich denke, bevor ich höre, was ich sage?» Oder nach ALPHONSE DAUDET, der auf die Frage, wie sein Schreiben funktioniere, antwortete: «Wenn ich nicht spreche, denke ich nicht». Das könnte heißen, Denken und Entscheiden sind schnell getan. Nur das Sprachzentrum als Pressestelle hat es schwer, hinterher durch interne Befragung des Entscheidungsgremiums Argumente für die Pressekonferenz zu finden – und zwar die wahren, wirklich benutzten, nicht die beim Formulieren erfundenen und entdeckten.

Hier fragt sich nun, ob auf unser Unterbewußtsein als Entscheider Verlaß ist oder ob man ihm besser mißtraut. Es kennt zwar unsere heimlichen Wünsche und Zielkriterien, bewertet es sie aber nicht über? Muß man ein schlechtes Gewissen haben, wenn einem die Gründe für eine Entscheidung nicht ganz klar sind oder unvollständig erscheinen? Steht im Entscheidungsvorschlag des Unterbewußtseins die Summe der bisherigen Erfahrung zur Verfügung oder weniger? Oder sogar mehr? Das Unterbewußtsein könnte ja auch Extrapolationen versuchen, Prognosen wagen und Wünsche erdenken.

Ist intuitives Denken präzise genug, oder erweist es sich bei komplexen Zusammenhängen als zu kurz?

Wir können diese Fragen nicht direkt beantworten, weil wir uns beim Denken nicht zugucken und uns beim Verbalisieren schon wieder etwas vormachen können. Anhand der nachfolgenden Beispiele läßt sich aber ein wenig Einsicht gewinnen. Diese Einsicht ist nützlich zur Beurteilung von eigenen und fremden Entscheidungen. Beginnen wir mit den weniger lobenswerten Hintergründen intuitiver Entscheidungen, denn das ist einfacher.

Schummelverpackung

(Tarnung der wahren Entscheidungsgründe *vor anderen*)

Die Entscheidung macht keinerlei Mühe, nur die Schönung der Begründung.

Wenn die wahren Entscheidungsgründe andere als die vorgeschobenen und öffentlich genannten sind, spielt eine Trennung von Denk- und Sprachzentrum keine wesentliche Rolle. Die Zeitverzögerung bei der Formulierung der Entscheidungsgründe basiert einfach darauf, daß zweigleisig gedacht werden muß und daß das Formulieren falscher Gründe besondere Mühe macht. Zumindest anfänglich. Bei Wiederholung kann Heuchelei zur glatten Routine verkommen, etwa in Urteilsbegründungen gegen Gegner von Diktaturen.

Andere Beispiele sind:

- ☐ Der Ausgang eines Experiments steht fest, bevor es überhaupt gemacht wurde.
- ☐ Wie das Experiment auch ausgeht, es dient als Stütze der Lieblingstheorie des Experimentators.
- ☐ Verbrämen niedriger persönlicher Beweggründe.

Bei dieser Art intuitiver Entscheidungen gilt es also, zwischen bekanntgegebenen moralischen und unbekannten unedlen Gründen zu unterscheiden. Die öffentliche Enttarnung der unedlen Gründe wäre leicht, da sie meist ungenügend durchdacht und verinnerlicht sind, wenn die Machtverhältnisse dies nicht verhindern.

Selbstverschonung

Auch hier geht es um die Verschleierung der wahren Entscheidungsgründe. Nur werden nicht andere getäuscht, man täuscht sich selbst.

Es ist ebenso leicht, sich selber zu täuschen, wie es schwer ist, die anderen zu täuschen, ohne daß sie es bemerken.

(LA ROCHEFOUCAULD)

Aus Gründen der Aufrechterhaltung der Selbstachtung kann man sich zur Rechtfertigung erkannt unmoralischer Entscheidungen

a) «gute» Gründe zurechtzimmern – oder im Gegenteil
b) in Zynismus ausweichen.

Der unmoralische Aspekt spielt aber bei intuitiven Entscheidungen bestimmt nicht die Hauptrolle, und deshalb verlassen wir ihn hier.

Intuitive Entscheidungen zur Selbstverschonung basieren hauptsächlich auf Eitelkeit oder Furcht vor Kritik oder vor Gesichtsverlust. Eine Erfindung mag bestechend sein, sie hat nur den Makel, woanders erfunden worden zu sein. «Not Invented Here» (NIH) ruft das Immunsystem auf den Plan. Wahlbefragungen zeigen, viele Menschen sagen das eine und tun das andere. Viele Menschen ändern sich nicht leicht, sind mißtrauisch, fürchten betrogen oder überlistet zu werden. Ein neues Produkt mag gut sein, aber die meisten Firmen möchten nicht die ersten sein, die es einsetzen. Die meisten von uns sind auch auf verschiedene Arten faul und legen größten Wert auf Bequemlichkeit! Sitzenbleiben können, etwas so lassen dürfen erscheint als großer Vorteil! Menschen denken gern in Kategorien und sind stark von ihresgleichen, Moden und Hobbies beeinflußt. Kurz: es gibt Gruppenzwänge.

Wegen unterschiedlichen Geschmacks, verschiedener Bedürfnisse und Motivation ergibt sich an der Oberfläche kein einheitliches Bild. Trotzdem muß man mit relativ einheitlichen Reaktionen rechnen, wenn Raum für intuitive Entscheidungen bleibt. Unter «gleich guten» Ideen, die sich hinsichtlich der Zielkriterien kaum unterscheiden, wird die Idee siegen, die Bequemlichkeit, mehr Komfort verspricht und/oder modisch ist. Eine solche Entscheidung vermeidet Risiko: Sie verbessert entweder das Wohlbefinden, oder im Falle einer Fehlentscheidung ist man in guter Gesellschaft und wird nicht getadelt. Ganz so einfach ist es natürlich nicht. Schließlich gibt es auch noch andere Einflußgrößen für intuitive Entscheidungen. Die nun folgenden sind eher positiv zu werten.

Latente Meisterschaft

Ein Experte für turkmenische Teppiche, seit 20 Jahren vereidigter Schätzer, wirft einen Blick auf den kleinen zu prüfenden Teppich, und schon ist seine Entscheidung über den Wert gefallen. Die Begründung nimmt längere Zeit in Anspruch und ist vielleicht lückenhaft. Die intuitive Entscheidung basiert auf langjähriger, verinnerlichter, zur Routine gewordener Erfahrung. Die einst jeder Schätzung zugrundeliegende Prüfliste wird längst nicht mehr benötigt. Sie ist vielleicht sogar vergessen. Die einzelnen Positionen der Liste werden nicht mehr schematisch geprüft. Der Experte sieht sofort das Wesentliche, Plus- und Minuspunkte. Wertsteigernde und -mindernde Faktoren hat er auch schon so oft gegeneinander abgewogen, daß er sie wie Wechselkurse und Währungen behandelt – unbewußt natürlich. So ein Experte ist ein Glücksfall. Er ist unbeirrbar und absolut zuverlässig, obwohl er so wenig Zeit für seine Entscheidung braucht.

Ähnlich mag es zugegangen sein, wenn ein Patient sich beklagt, daß der Arzt ihn nur von der Seite angesehen und schon das Rezept ausgeschrieben hat.

Ein anderes Beispiel für latente Meisterschaft liefert der ansonsten eher freundlich-zerstreut wirkende Chef mit seiner gefürchteten Fähigkeit, beim Überfliegen von Berichten sofort den einzigen schwachen Punkt zu entdecken, bei Gesprächen den Finger auf die Wunde zu legen.

Der nach innen verlagerte und automatisierte Prozeß Beobachtung – Prüfung – Entscheidung hat nur *einen* Nachteil. Er kann nicht verändert oder verbessert werden, wenn er einmal zur Routine geworden ist. Er veraltet oder wird sogar unbrauchbar, wenn sich das System ändert.

Heureka – ich hab's!

Jeder hat es schon erlebt, dieses Glücksgefühl im Moment der richtigen Entscheidung. Man kann es noch nicht begründen, ist aber ziemlich sicher, soeben einer wahren *Einsicht* teilhaftig geworden zu sein. Der Entscheidungsdruck und alle Bedenken sind verflogen – wie die Sperlinge, wenn ein Schuß kracht.

«Wenn ein Schuß kracht, fliegen die Sperlinge auf. So geht es den Bedenken, wenn ein Entschluß gefaßt wird.» E. R. Hauschka

Solche scheinbar oder wirklich plötzlich auftretenden Einsichten kennen wir vom Problemlösen und noch besser vom Lachen über Witze. Die Ursache ist gar nicht so geheimnisvoll. Hinter Einsicht steckt ein Umschalten auf einen anderen Standpunkt oder Blickwinkel. Von dort aus sieht das gleiche plötzlich anders aus, wird eine Verbindung deutlich. Heureka ist selten ein Geschenk, meist Lohn für harte Arbeit. Frei nach Einstein: Genie ist 10% Inspiration und 90% Transpiration. Wenn jemand beim Erwachen oder bei einem Ausflug überraschend zu einer Einsicht kommt, dann deshalb, weil «unter der Decke» zwar weitergearbeitet wurde, aber Entspannung gelöst hat. Problemlösen = sich vom Problem lösen. So gesehen geht Heureka auf latente Meisterschaft zurück. Das Intuitive ist nicht die Einsicht, sondern das Aufsuchen der für die Einsicht geeigneten neuen Standpunkte.

Instinkt und das Gefühl im Bauch

Instinkt ist das uns angeborene Verhalten, die keiner Übung bedürfende Reaktionsbereitschaft im Interesse der Selbst- und Arterhaltung. Bei gefährlichen Entscheidungen erhalten wir also automatisch Warnungen, wenn unser Instinkt die Gefahr wittert, oder wir werden aggressiv. Instinktiv meiden wir Risiken – aber nicht alle. Spitzensportler sind Spitze, weil sie gelernt haben, den Instinkt zu überhören und das Risiko zu kalkulieren. Das gilt erst recht für Spitzenmanager, die nicht nur für sich selbst Verantwortung tragen. Erfolgreiche Börsenspekulanten, denen in hohem Maße Instinkt nachgesagt wird, entpuppen sich bei Befragungen über ihre «rein gefühlsmäßigen» Entscheidungen meist als kühle Analytiker mit großem Erfahrungsschatz. Sie durchschauen auch emotionelle Einflüsse auf die Börse und instinktives Entscheiden anderer. Meinem bisherigen Wissensstand nach ist Instinkt oder «Gefühl im Bauch» bei den im hier gezeigten Rahmen fälligen Entscheidungen irrelevant und kann auf «latente Meisterschaft» zurückgeführt werden.

Ästhetik und Stil

Der uralte Konflikt zwischen Inhalt und Form ist nicht nur ein Begleiter der Künste, sondern spielt auch bei sachlichen Entscheidungen eine Rolle. Wir geben mehr auf Form und Formen, als viele von uns wahrhaben wollen. Schönheitsempfinden ist zum Teil ein alter Instinkt, der uns helfen möchte, durch geeignete Partnerwahl unsere Art (gesund = schön) zu erhalten. Als Unterabteilung unseres Strebens nach Harmonie verfügt aber auch eine allgemeinere Schönheitssehnsucht über uns. Dieses Streben nach Schönheit, auch Vollkommenheit (was andeutet, daß komplett und rund schön sei?) trainieren wir individuell je nach Herkunft, Umgebung, Erziehung, Erfahrung verschieden stark, aber immer lohnend, wenn das Ziel die Erhöhung der Genußfähigkeit ist. Durch intensive Beschäftigung mit Schönem bilden sich durch Vorentscheidungen Neigungen und Abneigungen heraus, deren Summe unseren Geschmack und Stil ausmachen. Auf der Basis des – wenn auch unvollständig ausgebauten – persönlichen Geschmacks und Stils fällen wir intuitive Entscheidungen (s. a. Latente Meisterschaft).

Bei der Auswahl der Alternativen bezüglich Schönheit und Stil spielt weniger die Qualität (der Inhalt) eine Rolle als die Form. Deshalb ist die Verpackung (s. a. Schummelverpackung) so wichtig. Es geht nicht nur darum, welche Kleidung, Frisur, Brille schön ist und ob sie zu uns und zu welcher Gelegenheit passen, sondern um weit mehr:

Welches Experiment paßt in die Reihe der bisherigen?
Welcher Mitarbeiter paßt in die Gruppe? (Self image)
Welche Reaktion paßt zum Stil des Unternehmens? (Corporate image)

So wie der Maler bei seinem werdenden Bild sieht, ob ein Pinselstrich «sitzt», so schätzt auch der Manager dieses Gefühl der Stimmigkeit.

Unter mehreren Entscheidungsalternativen hat die «schöne» und «passende» eine gute Chance, intuitiv bevorzugt zu werden. Deshalb ist auch die Art der Präsentation von Alternativen extrem wichtig.

Ökonomie

Auch Sparsamkeit wird zuweilen als Schönheit empfunden, im Verein mit Eleganz sogar als Wahrheit. Besonders in den exakten Naturwissenschaften. Man denke nur an die Einsteinsche Formel $E = m \cdot c^2$, die ein Symbol für die schlichte Eleganz einer bedeutenden Wahrheit geworden ist. So hätte man gern alle Lösungen. Der Denker spart mit jedem Stück Brot und mit jedem Gedanken. Als man sich widerwillig damit abgefunden hatte, daß alles, was mit Kreisen zu tun hat, um eine gänzlich unschöne Konstante 3,14... nicht herumkommt, nannte man sie kurzerhand π, und in diesem Gewand sieht sie wie glatt und ganzzahlig aus.

Die Schönheit der einfachen Form mit Wahrheit gleichzusetzen und als Ziel anzustreben, ist zum Teil durch die Erfahrung berechtigt. Beim Einarbeiten in ein neues Gebiet ergibt sich ein Gestrüpp von komplizierten Verzweigungen. Der Experte hat das Wissen zu übersichtlichen Bündeln geschnürt und kann oft mit einfachen Worten komplizierte Zusammenhänge beschreiben.

Analoges beobachten wir beim Sport. Ein unerfahrener Torwart läuft vor seinem Tor auf und ab, wie der Fußball gerade kommen könnte, und verpaßt ihn im rechten Moment, weil er gerade noch in der falschen Ecke und nicht so schnell wie der Ball ist. Der Erfahrene spart viele unnötige Bewegungen ein, erkennt die wenigen gefährlichen Momente, läuft dann aber fast früher los, als der Ball abgeschossen wird.

Wir entscheiden uns gern für ökonomische, einfache und elegante Alternativen, weil wir erfahrungsgemäß dahinter das Richtige vermuten. Wer entschiede sich nicht gern im Zweifel für das Richtige! Aber das Richtige ist nicht immer einfach. Es gibt auch komplizierte Wahrheiten, selbst für Experten (s. a. Zu kurzes Denken).

Empfindlichkeit und Empfindsamkeit

Von Gefühl war schon mehrfach die Rede, als Endkontrolle aller intuitiven Entscheidungen, bei Heureka, als Gefühl im Bauch, bei Stil und Ökonomie. Diese Gefühle sind je nach Empfindsamkeit/Sensibilität des Entscheiders stärker oder schwächer. Sensible Entscheider spüren Empfindlichkeiten der Gruppe und berücksichtigen sie bewußt oder unbewußt. Sie können bei Gruppenentscheidungen im voraus erkennen, in welche Richtung die Entscheidung gehen wird. Wenn über das Ansprechen von Empfindlichkeiten Gefühle ausgelöst werden, kann es Überraschungen geben. Da Gefühle eine biochemische Ursache und Wirkung haben, sollte das eigentlich nicht überraschen. Das Gehirn des Entscheiders vor und nach dem Aufkommen des Gefühls ist nicht das gleiche.

Zu kurzes Denken

Wie wir in sieben Streiflichtern gesehen haben, führt intuitives Entscheiden – je nachdem, was dabei dominiert – anscheinend zu relativ verläßlichen sachlichen Ergebnissen (Bild 10.1).

Es gibt genügend rührende Erfolgsgeschichten, besonders in der amerikanischen Management-Literatur, wie jemand ein-/zweimal intuitiv entscheidet ... und schon ist er reich und beliebt. Von den *wahrscheinlich* noch zahlreicheren Fällen, in denen intuitives Handeln zum Ruin geführt hat, wird selten berichtet. Zusammenfassend neige ich zu einem negativen Urteil über intuitives Entscheiden.

Hauptrichtung	Zuverlässigkeit	Fehlerquelle
Schummelpackung	schlecht (im Guten wie im Bösen)	wahre Entscheidungsgründe werden verschleiert
Latente Meisterschaft	gut	Systemänderung paßt nicht zur Routine
Heureka	mittel	Überbewertung eines neuen Blickwinkels
Instinkt	schlecht	verleitet Experten zu unnötiger Vorsicht, kann unnötige Aggressionen empfehlen
(wenn latente Meisterschaft)	gut	s. o.
Ästhetik und Stil	gut bis mittel	Überbewertung der Form und der Harmonie
Ökonomie	gut bis mittel	komplexere Zusammenhänge
Empfindlichkeit	mittel bis schlecht	mangelnde Sensibilität
Empfindsamkeit		Gefühle „übermannen“ Sachlichkeit

Bild 10.1 Hauptrichtungen intuitiven Entscheidens und Verwandtschaften

Verbrämung unlauterer Motive und Selbstverschonung sind ohnehin nicht zu loben. Instinkt gibt z. T. veraltete Ratschläge oder ist im besseren Fall latente Meisterschaft, Ästhetik und Sensibilität können auf Nebenschauplätze führen, Heureka ist gar nicht intuitiv. Bleiben latente Meisterschaft und Ästhetik der Ökonomie, und diese vertragen keinen Systemwechsel oder versagen bei komplexeren Zusammenhängen. Dazu drei Beispiele:

Wie schützt man Melonen vor Fliegen? [29]

Auf einer Garten-Party liegen 4/4 einer Wassermelone auf einem Tablett und ziehen Fliegen an. Die Fliegen stören. Eigentlich sollte die Melone abgedeckt sein. Jemand müßte ins Haus gehen, nach einer Glasglocke, einer Fliegenhaube suchen oder wenigstens ein Tuch über die Melonenviertel legen. Da schlägt jemand vor, die Melonenstücke paarweise umzudrehen und daraus Halbkugeln zu bilden.

Dieser Vorschlag wird sofort jubelnd und einstimmig begrüßt. Warum fällt die Entscheidung intuitiv, und warum fällt sie so aus?

Die Entscheidung fällt erstens intuitiv, weil die meisten Leute auf einer Party nicht systematisch denken möchten, und zweitens fällt sie *so* aus, weil die Halbkugel-Alternative gleich mehrere intuitiv unwiderstehliche Aspekte bietet: Heureka, Ästhetik, Ökonomie, Selbstverschonung und Empfindlichkeit.

Verlockender kann eine Lösungsalternative gar nicht sein. Fangen wir mit der *Empfindlichkeit* an. Die Problemlösung «Melonen umdrehen» entspricht genau der Party-Stimmung. Niemand muß aufstehen, ins Haus gehen, die Gesellschaft verlassen, arbeiten *(Selbstverschonung)*. Mehr noch: Die Lösung ist ein richtiger Party-Gag – wie die frappante Auflösung einer Scherzfrage, fast ein kleiner Zaubertrick. Plötzlich sieht man die Melonen aus einem anderen Blickwinkel: *Heureka*! Diese kreative Lösung könnte entstanden sein, indem ideenproduzierend gewünscht wurde: «Ich möchte nicht aufstehen. Die Melone soll sich selber schützen!»

Die Lösung ist natürlich auch *ökonomisch*: Es bedarf keiner zusätzlichen Produktivkräfte und Produktionsinstrumente (wie man früher in Chemnitz vielleicht gesagt hätte). Schließlich scheint die Lösung auch *ästhetisch*, indem sie auf eine klare klassische Form zurückführt: edle Einfalt, stille Größe.

Bei der Ästhetik kommen wir aber auch ins Kippen, wenn wir an den hygienischen Aspekt der Ästhetik denken. Die Fliegen waren ja schon an den Melonen. Nachträglich nützt das Umdrehen nicht viel. Es nützt auch nicht lange. Sobald jemand ein Viertel wegnimmt, bricht die Lösung zusammen. Lange können die Melonen mit der eßbaren Seite auch nicht auf der Unterlage liegen, weil sie naß wird. War die Unterlage überhaupt sauber? Die Katastrophe nimmt ihren Lauf. So gut war die intuitive Entscheidung also gar nicht. Wir haben uns hinreißen lassen.

Wie schnell ist das Auto? [42]

Ein Sportwagen fährt auf der Autobahn eine Strecke von je 360 km hin und zurück. Auf dem Hinweg hat er wegen mehrerer Staus eine Durchschnittsgeschwindigkeit von 20 km/h. Auf dem Rückweg fährt er 180 km/h. Wie ist die Durchschnittsgeschwindigkeit für die gesamte Reise?

Antworten Sie bitte intuitiv, ohne lange zu rechnen. War die Durchschnittsgeschwindigkeit 36, 60, 100, 136 oder 160 km/h?

Die meisten Menschen, denen ich die Frage vorlegte, antworteten: 100 km/h. Nur Dr. Klipstein und meine liebe Frau gelangten auf Anhieb zur richtigen Lösung (meine Frau allerdings aufgrund eines kleinen Rechenfehlers, weshalb ich ihre Leistung intuitiv um so höher schätze).

Wie kommt man systematisch zur richtigen Lösung? Durch ein Morphologisches Tableau nach H. Holliger (Bild 10.2).

In eine Tabelle, wie in Bild 10.2 gezeigt, tragen wir zunächst die bekannten Angaben ein: 20 und 180 km/h und 360 km. Nun

	Objektmerkmale		
Untersuchungsobjekt	Durchschnitts-geschwindigkeit [km/h]	Weg [km]	Zeit [h] = $\frac{\text{Weg}}{\text{Geschw.}}$
Hinweg	20	360	$\frac{360}{20} = 18$
Rückweg	180	360	$\frac{360}{180} = 2$
Gesamtweg	36 ←	720 ↓	20 ↓

Bild 10.2 Morphologisches Tableau für die Durchschnittsgeschwindigkeit von Durchschnittsgeschwindigkeiten

berechnen wir die Zeit, die für Hin- und Rückweg gebraucht wurde, indem wir den Weg 360 km durch die Durchschnittsgeschwindigkeit 20 km/h bzw. 180 km/h teilen. Es ergeben sich 18 Stunden für den Hinweg und nur zwei Stunden für den Rückweg.

In der letzten Zeile addieren wir nun die Zeiten (= 20 h) und die Wegstrecken (= 720 km) und können aus km : h = 720 : 20 die Durchschnittsgeschwindigkeit von 36 km/h errechnen.

Fazit: Das intuitive Entscheiden hat uns auch hier keinen guten Dienst erwiesen. Aus Durchschnitten darf man nicht unüberlegt neue Durchschnitte bilden. Retro ad fontes = zurück zu den Quellen ist die Devise!

Steigt der Pegel, wenn etwas ins Wasser fällt? [29]

In einem mit Wasser gefüllten Aquarium schwimmt ein Metalltablett, worauf eine mit dem gleichen Wasser randvoll gefüllte Flasche steht (Bild 10.3). Nun kommt ein ungeschickter Mensch vorbei und stößt das Aquarium an. Dadurch wird das empfindliche Gleichgewicht gestört. Tablett und Flasche gehen unter. Völlig. Was ist dabei mit dem Wasserstand, gemessen an der Aquariumwand, geschehen? Ist er gestiegen, gleich geblieben oder gesunken?

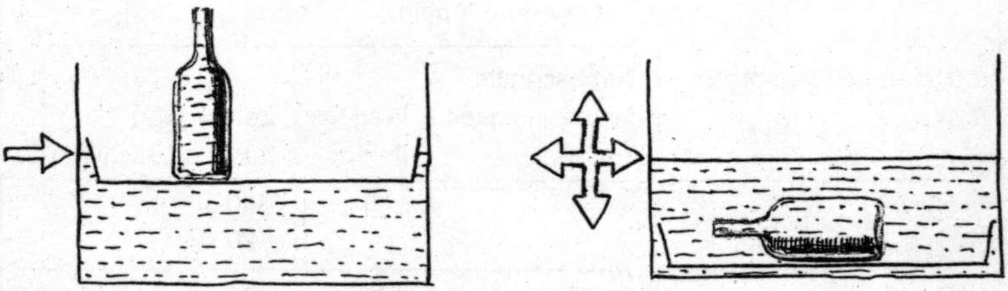

Bild 10.3 Wie hat sich der Pegel verändert?

Die schnelle intuitive Antwort ist: «Gestiegen». Man weiß doch, daß der Wasserspiegel steigen muß, wenn etwas ins Wasser fällt. Wo ein Körper ist, kann kein anderer sein. Diese Antwort wird aber nicht gegeben aus Vorsicht und Selbstachtung. Man ist ja schließlich nicht mehr im Kindergarten. So trivial kann die Antwort nicht sein, wenn ich so etwas gefragt werde. Also lautet die Antwort: «Der Pegel bleibt gleich».

Die richtige Antwort heißt: «Der Pegel sinkt» und klingt ziemlich unwahrscheinlich.

Hier der antiintuitive, langsame systematische Weg zur Lösung: Der Pegel auf dem linken Bild 10.3 wird bestimmt durch das *Gewicht* des Tabletts, der Flasche und des Wassers in der Flasche, der Pegel im rechten Bild durch das *Volumen* dieser drei Dinge. Volumen und Gewicht von Wasser sind gleich. Deshalb spielt es für den Pegel am Rande keine Rolle, ob das Wasser (in der Flasche) als Gewicht von oben drückt oder als Volumen von unten wirkt. Der Pegel wird aber durch die Flasche und das Tablett verändert. Beide sind schwerer als Wasser, denn sie sind ja untergegangen. Das heißt, ihr Gewicht verdrängt mehr Wasser als ihr Volumen. (Oder ihr spezifisches Gewicht = Gewicht durch Volumen > 1; aber die Formel braucht man gar nicht). Deshalb muß der Pegel am Rande des Aquariums sinken.

Das intuitive Entscheiden hat sich wiederum als unterlegen gezeigt. Wenn es mehr als zwei Möglichkeiten gibt, wenn es Wechselwirkungen und Fernwirkungen gibt, ist in komplexen Situationen Intuition unzuverlässig. D. Dörner gibt dazu hervorragende Beispiele z.B. aus der Entwicklungshilfe [41]. Es gehört Selbstdisziplin dazu, antiintuitiv zu entscheiden. Systematisch denken dauert ein paar Sekunden länger und kann aus der schnellen «sicheren» Entscheidung eine riskante Entscheidung machen. Trotzdem:

Besser intuitiv entscheiden als gar nicht.
Besser bewußt und systematisch entscheiden als intuitiv!

Anhang

Allgemeine Fragen zur Anregung der Ideenproduktion nach Osborn (s. Tabelle 2.4)

1. Andere Anwendungen?

Gibt es eine neue Anwendung?	z. B. Benutzung von Hubschraubern für die Kontrolle von Hochspannungsleitungen im Gebirge
Gibt es nach Modifikation eine andere Anwendung?	z. B. Angelruten aus Glasfasern, eingebettet in Kunststoff
Was kann man noch daraus machen?	z. B. ein Pappenhersteller baut zusätzlich eine Puzzle-Produktion auf
Kann man etwas retten?	z. B. Herstellung von Tabakblättern aus Tabakstaub nach Verfahren der Papierherstellung oder Belag für Tennisplätze aus Gummiabfall
Welche Anwendung kann man hinzufügen?	z. B. Telefonservice wie Zeitansage, Wetterbericht, Theaterprogramm, Lottozahlen ...

2. Borgen oder anpassen?

Was ist so ähnlich?	z. B. Studien der Flugpioniere an Vögeln
Welche Parallelen gibt es in der Vergangenheit?	z. B. Modedesigner orientieren sich an antiker Kunst
Können andere Prozesse kopiert werden?	z. B. Züchten von Perlen durch Implantieren von Sandkörnern in Muscheln
Welche anderen Ideen sind brauchbar?	z. B. Diesel wurde zu seiner Erfindung durch einen Zigarrenanzünder angeregt

3. Modifizieren/Verändern?

Andere Gestalt?	z. B. Herstellung der ersten schnelleren Einspänner unter Verwendung konischer Kugellager, zurückgehend auf eine 400 Jahre alte Erfindung Leonardo da Vincis
Andere Form?	z. B. Waschpulver anstelle von Seife oder flüssige Seife

Farbe?	z. B. die Einführung von bunten Metallicfarben brachte der amerikanischen Autoindustrie 1955 eine riesige Umsatzsteigerung
Bewegung?	z. B. Aufwertung von Spielwaren oder Industrieroboter, Rolltreppe, Fließband

4. Vergrößern/mehr?

Längere Zeit?	z. B. doppelt gebackenes Brot oder längere Service-Intervalle
Häufiger?	z. B. mehrere leichte Mahlzeiten für Magenkranke
Stärker?	z. B. verstärkte Spitzen und Fersen bei Strümpfen
Höher?	z. B. Stelzen
Länger?	z. B. Verlängern von Schraubenschlüsseln mit einem Rohr
Etwas zusätzlich?	z. B. Chlorophyll in Zahnpasta

5. Verkleinern/weniger?

Kompakter?	z. B. gegenwärtiger Trend bei Autos
Leichter?	z. B. Schaumstoff-Verpackung
Verdichten?	z. B. Schirme in Normalgröße, die als Taschenschirme transportierbar sind
Eliminieren?	z. B. schlauchlose Reifen
Enger?	z. B. Verpacken in Containern

6. Ersetzen?

Andere Teile?	z. B. Automatik statt Gangschaltung
Anderes Material?	z. B. Argon anstelle von Vakuum in Glühlampen
Anderes Verfahren?	z. B. Spritzgießen statt Gießen
Anderer Antrieb?	z. B. Luft statt Elektroenergie für Scheibenwischer
Andere Wege?	z. B. Luftbrücke nach Berlin

7. Umformen/umstellen?

Richtung ändern?	z. B. variable Einbahnstraßen je nach Verkehrsfluß
Aussehen revidieren?	z. B. Umgestaltung von Supermärkten, um zielstrebiges Einkaufen zu verhindern
Reihenfolge ändern?	z. B. Rückblenden im Film
Ursache und Wirkung transponieren?	z. B. wie Ärzte Diagnosen stellen
Anders verpacken?	z. B. easy opening oder kindersicherer Verschluß oder Dosiereinrichtung
Umgruppieren?	z. B. neues Verteidigersystem beim Fußball

8. Umkehren?

Vertauschen?	z. B. Staubsauger als Fön oder Heckmotor statt Frontmotor
Spiegelschrift?	z. B. um Rettungsfahrzeuge im Rückspiegel besser erkennen zu können
Aufwärts statt abwärts?	z. B. indirektes Licht
Das Gegenteil tun?	wie der Erfinder der Nähmaschine, der das Nadelöhr unten statt oben benutzte

9. Kombinieren?

Legierungen?	z. B. neue Synthesefasern, metallische Gläser
Alte Ideen aufwerten?	z. B. Fensterwäscher mit Bürste und Wasserzuführung
Ensembles?	z. B. Partnerlook, Geräteserien mit einheitlichem Design
Kombipack?	z. B. Rasierklingen und -seife nur zusammen verkaufen oder Wegwerfrasierer mit Klinge
Doppelnutzen?	z. B. Bifokalgläser für Brillen (angeblich von BENJAMIN FRANKLIN erfunden)

Quellenverzeichnis

1. Beatrice Vogelbach: Problemlösungen. *Creo 4*, ca. 1980. Management Development Pharma
2. Helmut Schlicksupp: *Innovation, Kreativität und Ideenfindung.* 3. Auflage, 1989. Würzburg: Vogel Buchverlag
3. Volker Bugdahl: *Methoden der Entscheidungsfindung.* Würzburg: Vogel Buchverlag, 1990
4. N. N.: *Wirtschaftswoche/Karriere* vom 22.4.1988, Seite K1
5. H. Suter: *Wie Innovation zustande kommt.* Stuttgart: Seewald Verlag, 1983
6. M. R. Kopmeyer: *Wohlstandsbildung.* Knaur Ratgeber Nr. 7684. München: Droemer Knaur Verlag
7. H. Geschka: *Techniken der Zukunft*, Heft 2 (1972), Seite 119
8. Alan H. Schoenfeld: A way with numbers. *Chemtech*, Nov. 1990, S. 664–671
9. Bernard Dixon: The way some scientists talk. *New Scientist* vom 11.4.1968, S. 73
10. Matthias zur Bonsen: Mit Visionen zu strategischen Erfolgspositionen. *Marktforschung und Management*, Heft 2/1989, S. 36–37
11. Beatrice Vogelbach: *Creo 5*: Neues aus der Pharma-Ideenschule. Management Development Pharma
12. Ein kleines technisches Wunder. *Frankfurter Allgemeine Zeitung* vom 5.6.1987
13. N. N.: *Frankfurter Allgemeine Zeitung* vom 19.12.1989, Seite T1
14. N. N.: Optik: Das Ende der Lesebrille. *Management Wissen*, Heft 2/90, S. 70
15. Jane Rippeteau: The America's Cup. *Financial Times* vom 9.12.1989, S. 17
16. N. N.: *Personal, Mensch und Arbeit*, Heft 9/1989
17. Erika Lorenz: *Ramon Llull. Die Kunst, sich in Gott zu verlieben.* Herderbücherei Dc. 11/98. Freiburg i.Br.: Herder Verlag, 1985
18. Peter Bexte/Werner Künzel: Lullus oder Was der Computer im Mittelalter konnte. *FAZ-Magazin*, Heft 452, vom 28.10.88, S. 94–102
19. Fritz Zwicky: *Entdecken, Erfinden, Forschen.* München/Zürich: Droemer Knaur Verlag, 1966
20. Helmut Schlicksupp/Roland Fahle: *MORPHOS. Methoden systematischer Problemlösung.* Buch und Diskette. Würzburg: Vogel Buchverlag, 1989
21. Gerald Spiess/Beatrice Vogelbach: *Creo 8.* Management Development Pharma.
22. Volker Pausewang / Helmut Schlicksupp: So finden Sie systematisch Problemlösungen. *Absatzwirtschaft*, 21/22 (1972), S. 126–134
23. Charles Kline: *Key characteristics of industrial chemical pro-*

ducts. Eigenverlag Fairfield N.J., 1978

24. N. N.: Prospects for boron pharmaceuticals. *Borax Review*, Nr. 7 (1990)
25. E. DE BONO: The virtues of zig zag thinking. *Chemtech*, H. 1 (1971), S. 10
26. H. SCHLICKSUPP et al.: *Studie über 43 Kreativmethoden*. Frankfurt: Batelle-Institut, 1970
27. N. N.: *Spinnen steigert die Potenz*. Fa. Bosch, Firmenschrift
28. E. KOHLRUSCH: Denktraining mit System; so wird man Erfinder. *Akut*, H. 5 (1971), S. 18–22
29. E. DE BONO: *Letters to thinkers*. London: Penguin Books, 1988
30. A. H. NISSAN: Innovation – myths of mice and man. *Chemtech*, H. 2 (1982), S. 78–80
31. H. A. SIMON: Decision making and problem solving. Update Research Briefing. *Chemtech*, H. 8 (1990), S. 466–471
32. V. BUGDAHL: Ideenkiller. *Blätter für Vorgesetzte*, H. 1 (1991), S. 1–6
33. V. BUGDAHL: Innovationsmanagement. Vorsicht: Ideenkiller! *Frankfurter Brief für Unternehmensführung*, H. 2 (1991), S. 8–9
34. EDWARD DE BONO: *De Bono's Thinking Course*. London: BBC Books, 1989
35. C. A. TAYLOR: X-ray diffraction, opticals transforms and fibre structures. *European Polymer Journal*, Vol. 2 (1966), S. 279–288
36. C. A. TAYLOR et al: *Optical transforms, their preparation and application to x-ray problems*. London: Bell and Sons, 1964
37. V. BUGDAHL/P. ZUGENMAIER: Optische Transformationen – Hilfsmittel zur Deutung von Gitterfehlern in Polymerkristallen. *Laser*, H. 3 (1970), S. 50–52
38. G. OSTER: *The science of Moiré Patterns*. Edmund Scientific Co., 1969
39. V. BUGDAHL: Über Diffusionsmessungen an Lösungen von Hochpolymeren mit einem Interferometer. *Kautschuk und Gummi Kunststoffe*, 22. Jg., H. 9 (1969), S. 486–488
40. V. BUGDAHL, Diffusionsmessungen an Polymerlösungen... *Jenaer Nachrichten*, H. 2 (1967), S. 108
41. DIETRICH DÖRNER: *Die Logik des Mißlingens. Strategisches Denken in komplexen Situationen*. Reinbek: Rowohlt Verlag, 1989
42. N. N.: Capital-Programm Karriere. Die morphologische Methode nach H. Holliger. So prüfen Sie Lösungen. *Capital*, H. 8 (1983), S. 81

Stichwortverzeichnis